# COLLECTION A. HERVO

## THÉATRE CHOISI

DES ŒUVRES DE JEUNESSE, CERCLES ET PATRONAGES
ET DES MAISONS D'ÉDUCATION

## 2me SÉRIE

# LA CORVÉE
## DU PAIN

### SCÈNE DE LA VIE MILITAIRE

PIÈCE EN UN ACTE

**PAR A. HERVO**

AUTEUR DES HORLOGES DE PORNIC, COMÉDIE EN TROIS ACTES
COURONNÉE AU CONGRÈS DE BORDEAUX (1876)
DE L'UNION DES ŒUVRES OUVRIÈRES CATHOLIQUES

# LES PLAIDEURS

### DE RACINE

SPÉCIALEMENT ADAPTÉE AUX THÉATRES DE JEUNES GENS

**PAR LE MÊME**

## INDICATIONS UTILES, LITTÉRAIRES ET MUSICALES

## PARIS
### BLÉRIOT, LIBRAIRE-ÉDITEUR
55, QUAI DES GRANDS-AUGUSTINS, 55

# THÉATRE CHOISI

## DES OEUVRES DE JEUNESSE

———

## 2<sup>me</sup> SÉRIE

« Animus gaudens ætatem
floridam facit. » (Prov.)

# AVIS

Il sera publié tous les ans une ou deux séries du *Théâtre choisi des Œuvres de jeunesse.*

Chaque série forme un volume; chaque volume contient ordinairement deux pièces; il est terminé par des indications littéraires et musicales, fort utiles aux œuvres et aux maisons d'éducation pour la composition et la variété des programmes de soirées ou séances dramatiques, littéraires ou musicales

*Papier très-solide* pour assurer un long usage, et *collé* pour faciliter les additions, corrections ou suppressions.

*Format portatif et prix modique*, pour permettre aux jeunes gens d'acheter chaque volume. (Il est bien préférable d'apprendre son rôle sur la pièce entière, et le volume reste comme souvenir.)

---

VOLUMES PARUS, SE VENDANT ISOLÉMENT.

1re SÉRIE. **Les Horloges de Pornic**, comédie en trois actes, par A. HERVO, couronnée au Congrès de Bordeaux (1876), de l'Union des Œuvres ouvrières catholiques; précédée de réflexions et suivie d'indications littéraires et musicales et de morceaux choisis en prose et en vers.

2e SÉRIE. **La Corvée du pain**, comédie militaire, par A. HERVO.
**Les Plaideurs de Racine**, arrangés par LE MÊME.
Indications littéraires et musicales.

3e SÉRIE. **Le Sergent**, comédie-drame, par A. HERVO.
**Les Garennes de Clisson**, comédie, par LE MÊME.
Indications littéraires et musicales.

**Prix de chaque volume ou série : 1 fr. 50.**

CHEZ M. BLÉRIOT, ÉDITEUR.

---

### EN PRÉPARATION

POUR PARAITRE EN OCTOBRE 1878, DEUX NOUVELLES SÉRIES.

## COLLECTION A. HERVO

### THÉATRE CHOISI

DES ŒUVRES DE JEUNESSE, CERCLES ET PATRONAGES
ET DES MAISONS D'ÉDUCATION

## 2me SÉRIE

# LA CORVÉE

## DU PAIN

### SCÈNE DE LA VIE MILITAIRE

#### PIÈCE EN UN ACTE

#### PAR A. HERVO

AUTEUR DES HORLOGES DE PORNIC, COMÉDIE EN TROIS ACTES
COURONNÉE AU CONGRÈS DE BORDEAUX (1876)
DE L'UNION DES ŒUVRES OUVRIÈRES CATHOLIQUES

# LES PLAIDEURS

## DE RACINE

SPÉCIALEMENT ADAPTÉE AUX THÉATRES DE JEUNES GENS

### PAR LE MÊME

## INDICATIONS UTILES, LITTÉRAIRES ET MUSICALES

## PARIS

### BLÉRIOT, LIBRAIRE-ÉDITEUR

55, QUAI DES GRANDS-AUGUSTINS, 55

*A MES FILS*

FUTURS VOLONTAIRES

———

# LA CORVÉE DU PAIN

## SCÈNE DE LA VIE MILITAIRE

### PIÈCE EN UN ACTE

### PAR A. HERVO

# PERSONNAGES

---

---

# LA CORVÉE DU PAIN

Un lit de fer à gauche; à droite un banc; au fond, d'un côté (celui du lit), la planche à bagages; de l'autre, le ratelier d'armes, porte entre; fenêtre à droite; au milieu, suspendue par des cordes, la planche à pain.

## SCÈNE I

BLANCHEMAIN, *seul.*

(*Il brosse sa tunique d'un air maussade, sur le devant de la scène.*)

Payez donc 1,500 francs, sans compter le reste, pour apprendre un métier comme ça!

Brosser, brosser encore, toujours brosser, tout brosser, voilà ma vie intérieure depuis vingt-cinq jours et demi! (*Regardant le public.*)

Tenez, une chose me surprend : c'est que les règlements n'obligent pas le soldat à brosser sa brosse, mais, parole d'honneur, ça viendra. (*Il fait quelques pas.*)

Les gens de cirque annoncent des exercices variés, mais nous les dépassons de mille coudées. On ne finit que pour recommencer...

Enfin, le caporal l'a dit : il faut que j'arrive à manœuvrer comme un mannequin! Oui, comme un mannequin! voilà mon idéal obligatoire pour trois cent quarante jours encore! (*Il brosse avec rage.*)

Si après, je peux redevenir clerc de notaire, j'en serai prodigieusement surpris. (*Il fredonne, d'un air contraint et moqueur, tout en brossant.*)

Ah! brosse, brosse, ah! brosse encore,
Brosse cet habit que j'abhorre.
(*Renaud entre joyeux.*)

## SCÈNE II

### BLANCHEMAIN, RENAUD

RENAUD.

Hé bien, l'involontaire, que fais-tu là?

BLANCHEMAIN, *bourru et brossant, avec une certaine emphase.*

Tu le vois bien. Je régénère la France!

RENAUD.

Tu ne fais pas mal; elle en a besoin.

BLANCHEMAIN.

Oui, oui, et ma veste aussi.

RENAUD *lui frappant sur l'épaule.*

Tu ne parais pas aujourd'hui de bonne humeur, mon pauvre ami?

BLANCHEMAIN.

Mais si vraiment. Il faudrait être bien ingrat pour broyer du noir dans une aussi agréable situation.

RENAUD.

Que veux-tu, mon cher, chaque état a ses bons et ses mauvais côtés.
Mieux vaut regarder le rosier par les roses que par les épines.

BLANCHEMAIN, *se plaçant devant lui d'un air de défi.*

Ah çà! voyons, abuserais-je de tes talents, en te

priant de me faire connaître les beaux aspects de la vie de galérien que nous menons ici?

RENAUD, *saluant gaiement.*

Très-volontiers. Assieds-toi seulement; tu m'écouteras mieux.

BLANCHEMAIN.

Non, j'aime mieux rester debout, car je prévois que tes arguments vont me faire bondir comme un lion dans sa cage.

RENAUD.

Soit. Je commence ma démonstration. — (*D'un ton sérieux.*) D'abord, pourquoi es-tu ici?

BLANCHEMAIN.

Pour m'embêter, tout simplement.

RENAUD.

Ah!... je ne te croyais pas si malade... Cela étant, raisonnons terre-à-terre... Qu'as-tu fait ce matin?

BLANCHEMAIN, *étonné.*

Sauté à bas du lit à cinq heures et demie, parbleu! A cinq heures et demie en novembre!

RENAUD.

C'est très-sain et très-avantageux.

BLANCHEMAIN.

Tu trouves?

RENAUD.

Certainement, sans parler du plaisir délicat de voir lever l'aurore.

BLANCHEMAIN.

L'aurore de la chambrée, tu veux dire? Merci bien.

RENAUD.

Conserve cette habitude, mon ami; les produits de ta future étude augmenteront de 1,000 à 1,500 fr. par an!

BLANCHEMAIN, *haussant les épaules.*

Laisse-moi donc tranquille!

RENAUD.

Je soutiens ma thèse.

BLANCHEMAIN.

Tu as grand tort.

RENAUD.

Du tout.

Puisque le temps est de l'argent, en travaillant une ou deux heures plus tôt, chaque matin, tu gagneras aisément 1,000 et peut-être 2,000 francs de plus chaque année. C'est limpide.

BLANCHEMAIN.

Par exemple!

RENAUD.

A coup sûr, et tu éviteras l'embonpoint qui s'attaque volontiers aux notaires.

Continuons : Levé, qu'as-tu fait?

BLANCHEMAIN, *maussade.*

Je me suis mis la tête sous la pompe.

RENAUD.

Excellent, mon ami.

BLANCHEMAIN.

Oui,. pour un caniche, mais pour un clerc de notaire, c'est pas très-propre.

RENAUD.

Ne parlons pas trop de la propreté; c'est par là que nous périssons.

BLANCHEMAIN.

Tu es fou, ma parole.

RENAUD.

Nullement. Tu ne sais donc pas ce qu'a dit l'un des plus grands écrivains du temps.

BLANCHEMAIN.

Ça m'est bien égal.

RENAUD.

C'est presque un prophète, car il a prédit nos désastres dès 1867.

BLANCHEMAIN.

Un prophète?

RENAUD.

Oui, mais tu m'interromps trop.

BLANCHEMAIN, *saluant.*

Excusez-moi, Monsieur l'orateur : va, mon ami, continue la lecture!

RENAUD.

Cet écrivain soutient dans un livre célèbre que l'excès de propreté matérielle nous tue, et que la vieille Europe sera vaincue par les hommes du Nord, non par les Russes, mais par les Moscovites, les moujiks, les mangeurs de chandelles!

BLANCHEMAIN.

Des paradoxes à cinq sous la ligne! J'aimerais bien mieux le matin une cuvette propre, des serviettes anglaises et de l'eau balsamique.

RENAUD.

C'est justement le malheur. Nous aimons trop les onguents, les pommades, les fioles et les parfumeries. Déshabitue-toi de ces fadeurs; tu pourras trouver là aussi une belle économie de temps et d'argent. (*Entre Merlin, sac au dos, avec un pain au bout du canon de son fusil.*)

## SCÈNE III

### LES DEUX VOLONTAIRES ET MERLIN.

MERLIN, *jetant son sac à terre.*

Ouf, je suis fourbu, moulu, rompu! (*Aux deux volontaires.*) Vous, les volontaires, qui êtes savants, écrivez donc pour moi au colonel que je lui envoie ma démission. Il m'est impossible de résister plus longtemps.

BLANCHEMAIN, *à Renaud d'un ton moqueur.*

Allons, voici encore une belle occasion de montrer ton éloquence et d'offrir tes consolations.

RENAUD, *comme s'il n'avait pas entendu.*

Quoi donc, camarade?

MERLIN, *son pain dans la main.*

Comment, nom d'un castor, hier nous avons eu promenade militaire de 27 kilomètres, et ce matin exercice comme de plus belle!

RENAUD.

C'est très-rude, en effet.

BLANCHEMAIN, *contrefaisant Renaud, à Merlin.*

C'est pour votre bien, mon ami.
Ça vous évitera la goutte dans votre vieillesse.

MERLIN.

S'il n'y avait encore que ça, mais le pire, c'est que tous ces exercices-là m'ouvrent trop l'appétit.

RENAUD.

Ah!

MERLIN.

Oui. Plus je marche, plus j'ai faim; plus j'ai faim, plus je mange, bien entendu.

RENAUD.

En effet.

MERLIN.

Et quand j'ai mangé, j'ai encore plus faim ! (*Montrant son pain.*) N'avoir qu'une méchante boule de son comme ça pour deux jours.

RENAUD.

Si vous demandiez double ration ? Il paraît qu'on peut l'obtenir.

MERLIN.

Peut-être.., mais la demande irait en trop de mains.

RENAUD.

Vous n'avez donc pas essayé ?

MERLIN.

Ma foi non. J'aime mieux me plaindre de temps en temps, ça me soulage. Pristi, que j'ai faim !

Faudra tout de même que j'en parle au caporal de semaine, mais il en parlera au fourrier, le fourrier au sergent-major, le major à l'adjudant !

Bah ! j'aurai fini mon temps avant que ça parvienne au capitaine !

RENAUD.

Il paraît qu'aujourd'hui les demandes ne traînent plus autant.

MERLIN.

C'est possible, mais je crois plutôt mon grand-père qui a été soldat sous Louis XVIII. Il m'a dit en partant : Mon gars, ne fais jamais de demandes ; les chefs n'aiment point ça, et d'ailleurs il faut sept ans pour que les papiers arrivent au général.

RENAUD, *à Blanchemain.*

On assure que les notaires sont routiniers, mais les soldats le sont singulièrement plus encore.

MERLIN.

Ma mère m'envoie bien un peu d'argent, mais c'est qu'on a grand'soif, allez, quand on mange tant. Et puis, faut bien prendre la goutte de temps en temps.

RENAUD.

Pourquoi faire ?

MERLIN, *étonné.*

Pour faire comme les autres, pardi !

RENAUD.

Raison majeure, il est vrai..., pour des moutons.

MERLIN, *mangeant.*

Ah ! nom d'un castor, quel coquin de métier !

BLANCHEMAIN.

Q'auriez-vous donc dit, camarade, s'il vous avait fallu payer 1,500 francs pour le faire ?

MERLIN, *relevant la visière de son képi.*

Payer 1,500 francs pour ça ? Ah ben, le gouvernement aurait été malin s'il m'avait attrapé à ce jeu là ! C'est bien lui plutôt qui devrait nous donner 1,500 francs, mais, allez donc lui demander cela Vous seriez bien reçu !

RENAUD, *à Blanchemain.*

Tu regrettes donc toujours ton argent?

BLANCHEMAIN.

Si je le regrette, c'est-à-dire que je le pleurerai toute ma vie.

RENAUD.

Encore une fois, tu es un ingrat, et tu ne comprends pas les avantages de l'éducation militaire.

BLANCHEMAIN.

Si, si.

RENAUD.

Non, tu ne veux pas, car tu peux aisément, je le répète, prendre ici des habitudes qui te rapporteront désormais plus de 1,500 francs par an.

C'est un placement à 100 0/0.

MERLIN, *riant*.

C'est plus drôle.

BLANCHEMAIN, *s'animant*.

Tais-toi, de grâce. Il n'est pas permis de déraisonner de la sorte.

MERLIN, *à Renaud*.

Expliquez-nous ça, camarade. Je ne croyais pas qu'on pouvait se faire des rentes ici.

BLANCHEMAIN.

Ne l'écoutez donc point; il est toqué.

RENAUD.

Mais pas du tout. Je parle sérieusement.

BLANCHEMAIN, *se fâchant presque*.

Si sérieusement que je voudrais m'en arracher les cheveux. (*Il porte les mains à sa tête*)... Mais... (*d'un ton de mélodrame*) je n'en ai plus! Rasé, tondu !

RENAUD.

Admirable, mon ami! tu as un air Titus, zouave ou capucin : tu es ravissant.

MERLIN, *le regardant*.

Oui, en vérité, vous n'êtes pas un vilain soldat!

RENAUD.

Auparavant, ta raie et ta gomme té faisaient ressembler à une modiste.

1.

MERLIN.

C'est vrai que les gens si gommeux ne sont pas beaux.

RENAUD, *reprenant sa démonstration.*

Nous n'avons pas fini.

BLANCHEMAIN.

Si vraiment; j'en ai assez de tes consolations à rebrousse-poil. Laisse-moi tranquille que je goûte en paix tes arguments. — (*Il met la main à sa poche.*) Combien la consultation?

RENAUD.

Tu me paieras quand j'aurai tout dit.

MERLIN.

Oui; faut tout dire. (*Il s'assied.*)

RENAUD.

Quelle autre besogne as-tu faite?

BLANCHEMAIN.

La corvée de quartier! Besogne moralisatrice, n'est-ce pas?

RENAUD.

Certainement, sociale aussi.

MERLIN.

Sapristi!

BLANCHEMAIN, *se croisant les bras, étonné.*

Sociale aussi! pourquoi pas religieuse?

RENAUD, *sans se déconcerter.*

Tout cela à la fois.

BLANCHEMAIN, *stupéfait, s'arrêtant devant lui.*

Allons, plaide toujours! Donne m'en au moins pour mon argent.

RENAUD.

La corvée de quartier, mon très-cher, te donnera
des idées de salutaire égalité. Désormais tu auras
plus pitié des Auvergnats qui balaient les trottoirs
des villes, quand nous dormons encore profondément,

MERLIN.

C'est tout de même vrai, ça!

BLANCHEMAIN, *levant les épaules.*

Ne l'écoutez donc pas; il est socialiste!

RENAUD.

Nous avons précisément ici un enfant de l'Auvergne qui me semble très-bon garçon. Hé bien! il a
voulu te rendre de petits services, et, entre nous, tu
l'as un peu rebuté.

MERLIN.

Oui, le camarade Blanchemain est un peu fier,
mais, dame! on ne se refait pas aisément.

BLANCHEMAIN, *perdant patience.*

Bien, la cause est entendue. Tu as raison, j'ai tort.
Tout est au mieux. Vive le métier soldatesque, fouchtra! — Ch'est le paradis terreschetre! Tu vois : le
patois de Landremol m'envahit déjà.
Puissé-je, après cette bienfaisante année de régé-
nération morale, n'être point indigne de ramoner les
cheminées de mon père!

MERLIN, *riant.*

Ce serait drôle!

BLANCHEMAIN.

Oui (*il lève les mains au ciel*), devenir Auvergnat,
ramoner le matin, jouer de la vielle le soir, montrer
une marmotte en vie, danser en sabots des bourrées
élégantes, voilà mon rêve!

MERLIN, *à part.*

Il extravase.

BLANCHEMAIN.

Merci, mon ami. (*Il met la main à sa poche*). Voici
20 sous, va boire à mon abrutissement.

RENAUD.

Tu deviens fou, ma parole.

BLANCHEMAIN.

La chose n'est plus à faire. L'odeur de fromage,
de mites confites, de bottes de gendarme, qui règne
ici, m'a monté au cerveau.

RENAUD.

Voyons, du courage; (*souriant*) pense aux Moscovites!

BLANCHEMAIN.

Aux moujiks, aussi; oui, mon ami, à tout ce que
tu voudras.

Seulement... tu ne m'y reprendras plus; je change
radicalement mon fusil d'épaule. Jusqu'ici, j'ai été
très-simple; j'ai suivi tes conseils, j'ai mis la main
à la pâte; désormais, c'est fini, je la mettrai à ma
bourse. Donc, plus de corvées. Je les ferai faire;
oui, fouchtra, quand cha devrait me coûter 45 chous
par jour!

Et puis je vais tâcher de me mettre à boire.

MERLIN.

Tenez, camarade, ne faites pas ça. Je bois de temps
en temps; hé bien, c'est tout de même assez bête,
vaut encore mieux marmonner un peu.

BLANCHEMAIN.

N'importe, je boirai.

RENAUD.

Tu plaisantes?

BLANCHEMAIN.

Du tout, du tout. Je suis incapable de plaisanter

dans ce lieu funèbre. Désormais, n'essaie plus de me faire raisonner. Tu perdrais ton éloquence. D'ailleurs je vais devenir monosyllabique !

MERLIN, *à part.*

Moineau syllabique !

BLANCHEMAIN.

Ainsi c'est résolu, je romps avec le monde intellectuel et moral. Il n'y a plus de Blanchemain, ancien clerc de notaire ; mais seulement l'homme machine n° 7, le camarade de l'auvergnat Landremol.

J'entre dans l'ordre des mammifères hibernants, ou, si tu veux, dans celui des mollusques ou des crustacés.

MERLIN, *à part.*

Voici des ordres bien singuliers !

BLANCHEMAIN.

J'ai dit.

Merci de n'avoir point interrompu mon oraison funèbre.

Que les corvées te soient amères !

Bonsoir. (*Il s'étend sur le lit.*)

RENAUD, *se croise les bras devant lui.*

Ah ça ! es-tu fou ?

BLANCHEMAIN.

Oui.

RENAUD.

Réfléchis un peu.

BLANCHEMAIN.

Non.

RENAUD.

Tu ne veux pas ?

BLANCHEMAIN.

Non, fouchtra.

RENAUD.

Tu l'as juré?

BLANCHEMAIN.

Ouiche.

RENAUD.

Je vais faire un tour.

BLANCHEMAIN.

Vas-y.

RENAUD.

Viens avec moi?

BLANCHEMAIN.

Non.

RENAUD *le tire par le bras.*

Je veux que tu te lèves.

BLANCHEMAIN, *se tournant du côté de la muraille.*

Laiche-moi, fouchtra!

RENAUD *insiste et l'attire du lit.*

Je te dis que tu vas te lever.

BLANCHEMAIN, *de l'air d'un mouton qu'on va égorger.*

Que tu m'embêtes, que tu m'embêtes!
Ah! bourreau, tu es déjà digne de passer caporal.
(*Il suit par derrière Renaud, celui-ci se détourne.*)

RENAUD, *à Blanchemain.*

Tu oublies ton képi.

BLANCHEMAIN.

Bon, ce n'est pas assez de perdre la raison, je perds
la tête maintenant.(*Il s'enfonce le képi sur la tête.*) Ah!
fouchtra, fouchtra!

RENAUD, *à Merlin.*

Dites donc, camarade, la moitié de mon pain me
suffit largement; si je vous donnais l'autre?

MERLIN.

Nom d'un castor, ça ferait bien dans mon paysage.

RENAUD.

Mais vous me donnerez à l'occasion quelques leçons de pointe ?

MERLIN.

Tout ce que vous voudrez. Pourvu qu'on me nourrisse, je suis capable de tout. Je travaillerais trente-six heures par jour ! (*Les deux volontaires sortent d'un côté, pendant que Gandubert et Landremol entrent de l'autre.*)

## SCÈNE IV

GANDUBERT, LANDREMOL, MERLIN.

GANDUBERT, *d'un ton goguenard, après avoir regardé dans la chambrée.*

Il paraît que MM. les 1,500 francs sont à la promenade. Des soldats comme ça dans la chambrée, ah ! malheur !

LANDREMOL.

Laiche-les donc en paix, ches jeunes gens-là. N'ont-ils pas déjà achez du métier ?

GANDUBERT.

Et moi donc !

LANDREMOL.

Ils ne te dijent rien d'ailleurs et ne répondent cheulement pas jà tes incholenches.

GANDUBERT.

Justement, ça me vexe. Je veux qu'ils me répondent.

MERLIN.

Alors tu leur cherches une querelle d'Allemand. C'est pas français cette manière-là.

GANDUBERT.

Ça ne vous regarde pas. Je veux être le maître ici.

LES DEUX AUTRES.

Ah !

LANDREMOL.

Ma foi, che trouve que tu n'abujes pas déjà chi mal de tes deux chevrons.

MERLIN.

En effet.

GANDUBERT.

J'entends qu'on ne fasse pas les messieurs dans la chambrée. Il faut qu'on se tutoie.

MERLIN.

Eh bien, tutoie-les.

GANDUBERT.

Qu'ils me tutoient les premiers.

LANDREMOL.

Tu es tout de même un fameux déchepote.

GANDUBERT, *dédaigneux et moqueur.*

Il y a surtout le petit maigre, un fluet, une mau-viette, un rien du tout, quoi ! si je lui tirais le bout du nez, je parie qu'il en sortirait du lait.

LANDREMOL.

Echaie donc pour voir.

GANDUBERT.

Et ce Monsieur veut faire le malin, astique tout seul, fait les corvées, a de l'argent dans sa poche et mange à la gamelle la moitié du temps ! Monsieur ne boit pas, ne jure pas !...

LANDREMOL.

Cha te choque.

GANDUBERT.

Oui, morbleu.

LANDREMOL.

Mais chi ch'est chon idée ?

GANDUBERT.

Tant pis, c'est pas la mienne.

Ah ! tonnerribus, faut que ça craque... Et l'autre volontaire, en voilà un jeune perroquet qui paraît s'amuser dans sa cage !

MERLIN.

Dame, c'est déjà pas si drôle !

GANDUBERT, *d'un ton moqueur.*

Monsieur trouve que ça ne sent pas le musc, que tout est malpropre, que les corvées sont stupides. Ah ! malheur !

MERLIN.

Je voudrais bien savoir si tu t'amusais beaucoup au commencement de ton service.

GANDUBERT, *sèchement.*

Procure-moi la paix.

MERLIN.

Renaud ne boude jamais, lui, et ne se plaint de rien. Alors pourquoi es-tu maussade avec lui ?

LANDREMOL.

Oui, faut nous répondre.

GANDUBERT.

Allez vous asscoir.

LANDREMOL.

Ch'est pas june réponche !

Je vais te le dire, moi, tu es jun brin jaloux ! et ch'est un vilain défaut, mais comme ch'est pas...

MERLIN.

Chut, voilà les deux volontaires.

# SCÈNE V

LES MÊMES. Les deux volontaires entrent et saluent. Gandubert affecte de ne pas les regarder.

LANDREMOL.

Hé bien, les jamis, allons-nous nous j'habituer ?

RENAUD.

Oui, vraiment, avec de bons camarades, c'est facile.

BLANCHEMAIN.

Pour mon compte, j'ai bien du mal à ne pas trouver le métier insupportable.

GANDUBERT, *à part, d'un ton dédaigneux.*

Faudrait à Monsieur un valet de chambre ?

BLANCHEMAIN, *qui a entendu.*

M. Gandubert, je n'ai pas l'honneur de vous parler.

GANDUBERT *froissé, à part.*

Monsieur, maintenant ! ah ! malheur !

RENAUD.

Ce qui m'afflige, c'est de ne pouvoir pas encore faire mon sac convenablement. (*S'adressant à Gandubert*) : voyons, camarade, une bonne leçon, s'il vous plaît, car je ne puis arriver tout seul. (*Il prend son sac et le met devant Gandubert.*)

GANDUBERT, *bourru.*

Quand on ne sait pas un métier, on ne le fait pas.

MERLIN.

Avec ça que le gouvernement nous demande notre consentement. (*Gandubert fait un pas vers le sac, mais il est devancé par Landremol.*)

LANDREMOL.

Ouvrez-moi Ajor, camarade, que je vous montre la fachon de l'arranger.

GANDUBERT, *vexé, se retire d'un pas.*

Un Auvergnat qui se mêle de faire l'école aux autres ! Ah ! malheur !

LANDREMOL.

Mais puischeque tu ne veux pas, imbéchile. (*Il arrange le sac.*)
On fait comme cha, puis comme cha, puis comme chechi.

RENAUD.

Oui; mon Landremol, mais c'est le coup de pouce qui me manque.

LANDREMOL, *continuant.*

Cha viendra.

# SCÈNE VI

**LES MÊMES, LE CAPORAL** qui entre vivement.

LE CAPORAL.

A la corvée du pain, les camarades !
Il faut trois hommes : Gandubert et les deux volontaires.
Allons-y vivement. (*Renaud et Gandubert prennent la veste de corvée.*)

RENAUD *se présente.*

Voilà ! (*à Landremol*) : Finissez mon sac,

GANDUBERT, *à part.*

Aller à la corvée avec des blancs-becs ! ça me dé-
goûte du métier.

RENAUD, *à Blanchemain.*

Viens-tu, Blanchemain ?

BLANCHEMAIN.

Pas de danger.

GANDUBERT, *à part.*

Ah! malheur ! Monsieur ne peut seulement pas
faire la corvée du pain ?

BLANCHEMAIN.

Qui veut me remplacer ? (*Landremol et Merlin se
présentent et disent en même temps.*)
Moi, camarade.

LANDREMOL, *à Merlin.*

Va-j'y plutôt, mon garchon, car je crois que tu as
la faim-valle et avec l'argent du volontaire, tu achè-
teras une boule de chon chupplémentaire.

MERLIN.

Merci, mon vieux; c'est vrai qu'il me faudrait à
moi un ordinaire... extraordinaire.

LANDREMOL, *à Renaud.*

Camarade, si vous vouliez, je vous remplacherais.

RENAUD.

Non, merci.

LANDREMOL.

La corvée du pain, ch'est pas la plus propre.

RENAUD.

Nous verrons bien.

MERLIN

C'est sûrement la plus désagréable.

RENAUD.

Raison de plus pour en goûter.

GANDUBERT.

Comprenez-vous ça?

BLANCHEMAIN.

Tu tournes trop au Don Quichotte, je t'assure.

RENAUD.

Et toi; pas assez. — (*Faisant un pas vers le public et levant la main.*)
Je prétends être ici pour faire un vrai soldat, et j'y parviendrai.

LE CAPORAL.

Bien parlé, camarade,
Maintenant y sommes-nous?

LES TROIS.

Oui, caporal.

GANDUBERT, *moqueur, s'adressant à Renaud et arrondissant le bras.*

Mademoiselle, veut-elle accepter mon bras?

RENAUD, *gaiement.*

Très-volontiers. (*Il va pour prendre le bras de Gandubert qui le retire vexé* )

GANDUBERT

Ah! malheur! (*Il va maussadement pour sortir avec les autres.*)

LE CAPORAL.

En avant, arche! (*Les trois hommes de corvée quittent la chambrée.*)

# SCÈNE VII

### LANDREMOL ET BLANCHEMAIN.

Blanchemain s'étend à demi sur son lit, tournant le dos à Landremol; Landremol finit de mettre en ordre le sac de Renaud.

### LANDREMOL.

Ch'est un bon garchon que votre ami ?

### BLANCHEMAIN.

Je dors.

LANDREMOL, *regardant la tunique de Blanchemain dépliée sur le lit.*

Chi je donnais un petit coup aux boutons de votre tunique? cha cherait peut-être bien un peu mieux achetiqué ?

BLANCHEMAIN, *à part, se tournant vers le public.*

Il veut me tirer une *carotte.*

(*Landremol, pendant ce temps, prend la tunique et la nettoie, quand il n'est pas tourné du côté de Blanchemain, celui-ci se soulève un peu et le regarde, mais se retourne dès que Landremol revient vers lui. Jeu de scène; en même temps Landremol parle.*)

LANDREMOL, *en nettoyant.*

Votre ami fera un bon choldat dans deux mois d'ichi... Et vous auchi... Cheulement les premières chemaines, ch'est dur! Mais faut bien pachienter, puiche qu'on ne peut pas faire autrement.

BLANCHEMAIN, *à part.*

Un auvergnat philosophe, excusez !

LANDREMOL, *qui a entendu du bruit.*

Dormez-vous toujours, camarade ?

BLANCHEMAIN.

Oui, toujours. (*Il fait semblant de ronfler.*)

LANDREMOL.

Chapristi, cha me contrarie beaucoup.

BLANCHEMAIN, *après un instant de silence.*

Ah !..... Si je ne dormais pas, que me voudriez-vous ?

LANDREMOL.

J'aurais bejoin d'un petit cherviche.

BLANCHEMAIN.

Je dors.

LANDREMOL, *gaiement.*

Mais chi je vous j'offrais de faire gratiche toutes les corvées d'ichi huit jours... dormiriez-vous auchi ?

BLANCHEMAIN, *après un silence.*

Peut-être... En attendant quel cherviche demandez vous ?

LANDREMOL, *s'approchant du lit.*

Je voudrais vous prier de faire une lettre à mes parents.

BLANCHEMAIN, *qui s'était détourné un peu, se retourne du côté du mur.*

Je dors, je dors.

LANDREMOL.

Ah! mon petit camarade, cha ne serait pas long et ma pauvre bonne femme de mère cherait chi contente !

BLANCHEMAIN, *se soulève à demi* (*à part*).

Moi aussi, je devrais écrire à ma mère, mais je m'ennuie tant ici que je remets d'un jour à l'autre ! Venir au régiment pour recevoir d'un Auvergnat des leçons de piété filiale ! (*Avec le ton de Gandubert.*) Ah!

malheur! — (*A Landremol*) : Ecoutez, Landremol, je veux bien essayer, mais vous allez dicter, car je crains que le métier ne m'ait abruti complétement. (*Il cherche du papier et une plume.*)

LANDREMOL *réjoui.*

Farcheur, va! On m'a dit que vous j'étiez aussi chavant qu'un notaire, et que vous j'écriviez auchi bien que le chergent-major!

BLANCHEMAIN.

Allons, essayons.

LANDREMOL.

Faites cha tout cheul, je vous en prie. Vous chaurez bien mettre de belles j'affaires.

BLANCHEMAIN.

Non, du tout. Dictez vite ou je me rendors. (*Il fait le geste de fermer son papier.*)

LANDREMOL, *allant vivement à lui.*

Attendez, j'aime mieux entonner.

BLANCHEMAIN.

Bien, j'y suis; dictez César.

LANDREMOL *s'assied sur une chaise et paraît méditer un instant. Pendant toute cette scène, Landremol doit faire beaucoup de pantomime, aller, venir, se lever, s'asseoir, s'approcher de Blanchemain, voir comment il écrit, se gratter l'oreille, se prendre la tête à deux mains, rejeter son kepi en arrière, changer de ton, etc.*

« Mes chers parents, mes chers coujins et coujines (*au volontaire*) : vous jallez bien *orthographicotér* cha, n'est-che pas?

BLANCHEMAIN.

Après un mois de corvées, c'est pas sûr, mais je vais essayer.

LANDREMOL, *dictant.*

« La présente est pour m'informer...

BLANCHEMAIN.

Je devine le reste, attendez (*Il écrit*)... Ensuite?

LANDREMOL, *dictant.*

« Je suis toujours bien accoutumé au régiment;
« cheulement les jirondelles chont parties, et cha
« me rappelle que ch'est le temps où les jirondelles
« d'Auvergne vont les remplacher chur les chemi-
« nées. Cha me chagrine un peu. »

BLANCHEMAIN.

Vous êtes donc ramoneur, Landremol?

LANDREMOL.

Mais oui, camarade.

BLANCHEMAIN.

Encore un bel état, parlons-en.

LANDREMOL.

Dame, tout le monde peut pas être notaire!

BLANCHEMAIN, *à part.*

C'est pourtant vrai! Décidément, c'est un philosophe.
(*A Landremol*) : Etes-vous content de votre profes-
sion?

LANDREMOL.

Chertainement... Pourquoi pas? Faut-il pas du
monde de tous les jétats!... Et puis on voit che
lever de plus près le choleil et... la lune auchi. (*Il
dicte.*)
« Quand mon frère Bastien et Petit-Pierre iront
à Lijieux.

BLANCHEMAIN.

Vous connaissez ce pays-là?

LANDREMOL, *fièrement.*

Les jauvergnats connaichent toute la Franche ! mais jon va à Lijieux tous les j'hivers et il ch'y trouve de bonnes gens, je vous achure.

BLANCHEMAIN.

Je l'espère bien ! (*A part.*) C'est mon pays.

LANDREMOL, *parlant.*

Il y a deux jans, mon petit frère ch'était bléché en déchendant d'une cheminée, chez un notaire de chur la.plache Chaint-Louis.

BLANCHEMAIN, *à part.*

Tiens ! c'est mon père.

LANDREMOL, *se grattant l'oreille.*

Je crois qu'il ch'appelle comme vous.

BLANCHEMAIN.

C'est très-possible.

LANDREMOL.

La bonne dame du notaire a gardé Petit-Pierre chez jelle et l'a choigné, chi bien choigné, que trois jours après, il ramonait comme une chouris.

BLANCHEMAIN, *ému.*

Ah ! vraiment !

LANDREMOL.

Il ne mangeait chez la bonne dame que du chocolat ! Elle m'en a donné une foi auchi, mais ch'est trop doux.

BLANCHEMIAN, *à part, passant sa main sur ses yeux.*

Pauvre chère maman !

LANDREMOL.

Ah ! mais tout cha ne fait pas mon *épichetoche.* (*Il*

*dicte*.) « Quand mes frères iront à Lijieux, faudrait
« que Petit-Pierre aille offrir une marmotte en vie
« au petit garchon de la dame.

BLANCHEMAIN.

Vous y pensez encore?

LANDREMOL, *scandalisé.*

Vous croyez donc que les jauvergnats chont des
ingrats.

BLANCHEMAIN.

Non, bien sûr, mais si on nous envoyait la marmotte ici?

LANDREMOL.

Impochible! Elle est pour le fiche à la bonne
dame.

BLANCHEMAIN, *se levant et tendant la main à Landremol.*

Mais je suis son fils aussi!

LANDREMOL, *radieux.*

En vérité? Le petit garchon chi gentil est votre
frère?

BLANCHEMAIN.

Tout à fait germain.

LANDREMOL, *hors de lui.*

Ah! ben! attendez que je saute un peu. (*Il danse
une bourrée en frappant dans ses mains et en chantant
un air auvergnat quelconque.*)
On va mettre cha dans la lettre; cha va être le plus
touchant. (*Il danse.*) Chi cheulement j'avais ma vielle!
Oh! je vous chanterais quelque chose de joli.

BLANCHEMAIN.

Faisons-la venir. Je paie le port et l'emballage.

LANDREMOL, *reprenant sa position grave et dictant.*

« Faut vous dire que M^me Blanchemain a un autre
« fils, un très-bon garchon auchi.

BLANCHEMAIN.

Flatteur, va!

LANDREMOL.

Ah! mettez cha! (*Blanchemain écrit.*)

LANDREMOL, *dictant*.

« Il est volontaire... malgré lui, et est dans ma
« chambrée. Ch'est cha qu'est *glorificateur* pour moi,
« mais pas jautant pour lui. Il aimerait mieux être
« notaire dans les belles villes, et moi auchi à ramo-
« ner du haut en bas.
« Je vais jêtre chon brocheur. » (*A Blanchemain.*)
N'est-che pas?... Mais, gratiche?

BLANCHEMAIN, *touché*.

Nous en recauserons.

LANDREMOL, *dictant*.

« Il ch'ennuie un peu. Envoyez-nous la marmotte
« ichi et mettez javec la vielle que m'a donnée ma
« marraine. On ch'amugera tous ensemble. (*Il s'ar-
« rête un instant et cherche dans sa tête...*)
« Nous javons un nouveau capitaine qui est un
« vrai bon garchon. Il veut que le choldat soit nourri
« comme un chénateur, et il a mis jau clou, l'autre
« jour, le caporal de chemaine, pour avoir trouvé
« jun morceau de bretelle dans la marmite de la
« compagnie. » (*A Blanchemain.*) La choupe n'avait
pourtant pas mauvais goût!

BLANCHEMAIN.

Au contraire, elle avait une bonne odeur de caout-
chouc.

LANDREMOL.

Excusez, mon camarade, chi vous javiez été ramoneur, vous ne cheriez pas chi diffichile!

BLANCHEMAIN, *riant*.

En effet.

LANDREMOL, *dictant.*

« Notre vieil âne fait-il toujours bien chon cher-
« viche?..

« La petite taure que j'aimais tant est-elle devenue
« bonne laitière?.. L'échenchiel, ch'est que je n'ai
« plus que chept chous dans ma poche et qu'il y a
« encore plus de trois chemaines d'ichi le premier
« janvier.

« ..... Chi M. Blanchemain... »

BLANCHEMAIN.

Halte-là, il n'y a pas de Monsieur ici. Je biffe.

LANDREMOL.

Ah! dame non! faut pas rebiffer. (*Dictant.*)
« Ch'il veut bien m'apprendre à écrire, je cherais
« porté pour être caporal. Mon capitaine me l'a dit,
« et une fois caporal je cherais capable de parvenir à
« chergent, et che cherait chupérieurement *glorifica-*
« *teur* pour les Landremol. (*A Blanchemain*): N'est-che
pas?

BLANCHEMAIN.

Bien sûr, mais faudrait finir, mon vieux, je commence à me lasser.

LANDREMOL.

Ch'est étonnant! Moi cha ne me fatigue pas du tout
de vous voir mouler cha.

(*Reprenant vivement sa dictée.*)

« Embrachez toute la famille, mes frères et mes
« chœurs, mes coujins et mes coujines, et mon gros
« chien Médor auchi.

« Votre fiche qui vous aime..... naturellement. »

(*S'apercevant qu'il a fait un oubli.*)
Fouchtra, j'oubliais le *pochecripton* capital.

(*Il dicte.*)

« Chi vous pouvez m'envoyer chent chous au premier janvier, j'en ferai un bon ujage.

2

(*Se frottant les mains.*)

Ah! ch' est fini. (*Il prend la lettre et l'admire.*)

Ch'est-il peint, ch'est-il peint!

Chi vous mettiez l'adreche en *gotiche*, cha cherait la plus belle *épichtoche* du régiment et toute la commune de Faux-la-Montagne irait la voir chez mes parents.

BLANCHEMAIN *souriant.*

Bien, bien; provisoirement, signez là. (*Il lui montre l'endroit.*)

LANDREMOL, *tristement.*

Chignez pour moi; j'abîmerais tout.

BLANCHEMAIN.

Non, du tout; sapristi, vous me feriez faire un faux. (*Landremol signe en faisant force grimaces et en épelant son nom. L: a. n, lan. d. r. e. dre, m. o. l. mol. Landremol. Blanchemain reprend la lettre et écrit un mot au bas.*)

LANDREMOL.

Que mettez-vous là?

BLANCHEMAIN.

Ch'est un autre *pochecripton* pour dire à la famille Landremol que Blanchemain fils lui offre ses amitiés et est bien content d'être dans la même chambrée que Landremol.

LANDREMOL.

Pas pochible?

BLANCHEMAIN.

Si vraiment. Je promets de lui faire la classe pour qu'il soit sergent dans un an d'ici.

LANDREMOL *dansant.*

Ah! fouchtra, che cherait *mirificotant!*

Maintenant, mon officier, faut aller faire une petite promenade pour vous déjennuyer.

Venez, ch'il vous plaît, par ichi, que je vous broche.

*(Blanchemain s'approche et se laisse faire ; Landremol jette un regard et donne un coup partout, tout en disant)*:

Ah! quel beau choldat vous faites déjà! Quand vous j'irez à Lijieux, je parie que tout le monde chortira aux portes pour vous jadmirer.

Je chuis chur que vous cherez bientôt caporal.

BLANCHEMAIN *un peu triste.*

J'aimerais encore mieux être clerc de notaire.

LANDREMOL.

Cha viendra. Faut faire comme les jirondelles qui vont où le bon Dieu les jenvoie.

BLANCHEMAIN.

Oui, mais elles ont des ailes.

LANDREMOL.

Les vôtres repoucheront.

*(Blanchemain lui donne une poignée de main et va pour sortir.)*

BLANCHEMAIN.

Vrai, Landremol, vous êtes un bon camarade !

LANDREMOL.

Ch'est vous, pardi.

BLANCHEMAIN, *en s'en allant, à part.*

Ramené au bien par un Auvergnat, faut le voir pour le croire. *(Il sort en fredonnant.)*

## SCÈNE VIII

LANDREMOL, *seul.*

Che pauvre garchon, cha lui paraît un brin plus rude que chon étude, mais... cha lui durchira les mains, et chette loi là n'est point chi bête.

Cheulement, Gandubert est trop mauchade avec les volontaires.

Faudra bien chur que je le mette à la raijon. Mon père m'a pourtant dit chouvent : Landremol, entre l'arbre et ton doigt, ne mets jamais l'écorche..... Les camarades chont bien longtemps... je crains que la corvée ne che choit pas bien pachée...

Portons toujours la lettre à la boîte. (*Il la prend et l'admire encore.*) Chapristi, ch'est-il beau !

Chi elle allait ch'abimer ? Faut que je l'enveloppe, (*Il tire un papier, la met dedans et met le tout au fond de son képi, puis se tourne vers le public.*)

Allons, bonchoir la compagnie ! (*Il va pour sortir, entre Merlin* (1).

## SCÈNE IX

### LANDREMOL, MERLIN.

#### LANDREMOL.

Eh bien, et la corvée du pain ?

#### MERLIN.

Elle ne s'est faite que coussi-coussi.

#### LANDREMOL.

Ah !

#### MERLIN.

Pourtant Renaud s'est joliment tiré d'affaires, quoique le vieux Gandubert lui ait mis trois pain de plus dans son sac.

#### LANDREMOL.

Il est par trop agachant.

(1) Si l'on désirait faire durer la soirée un peu plus longtemps, on pourrait baisser le rideau à ce moment ; faire un entr'acte, puis ajouter une variante à la scène suivante : Landremol, seul. *Les camarades ne sont point encore revenus ; cha m'étonne ! Gandubert est capable d'avoir fait des mijères au petit volontaire !* (MERLIN ENTRE.)

##### MERLIN.

Que veux-tu? Gandubert est comme ça; plus le volontaire fait bien, plus ça le vexe! Il aurait voulu que le camarade lui demandât de changer son sac avec le sien, ou bien de l'aider, mais pas de danger. Renaud s'est piqué d'honneur et a bravement porté ses pains sans demander secours à personne. (*En riant.*) Il a tout de même fallu que je le recharge deux ou trois fois!

##### LANDREMOL.

Ch'est pas churprenant!

##### MERLIN.

Mais il suait, il suait à faire pitié, et ça vexait encore Gandubert. Au fond, tu sais, il n'est pas mauvais camarade.

##### LANDREMOL.

Admettons, mais ch'est un ourche.
Quand on veut obliger les gens, faut pas prendre des fourches...
Et les camarades, où les jas-tu laichés?

##### MERLIN.

Le caporal et le volontaire sont entrés à la cantine et Gandubert est resté par derrière à tempêter tout seul.
J'entends son pas. (*Gandubert entre d'un air contrarié.*)

## SCENE X

#### LANDREMOL, GANDUBERT.

##### GANDUBERT, *d'un ton railleur.*

Tiens, Mademoiselle n'est pas rentrée?

##### LANDREMOL.

Quelle chotige as-tu encore besoin de lui dire?

GANDUBERT, *du même ton.*

J'aurais voulu lui éponger la tête avec mon mouchoir.

On appelle ça des soldats : et ça sue comme un poulet qui voudrait porter mon sac!

LANDREMOL.

Pardi! tu es jun vieux choldat bien déjagréable.

Je trouve, moi, que ches volontaires-là chont de bons jenfants et qu'il ne mettront pas jautant de temps que nous jautres à faire de bons choldats.

MERLIN.

Bien sûr. Tu devrais les laisser en repos.

GANDUBERT, *sèchement.*

Mêlez-vous de ce qui vous regarde.

LANDREMOL.

Fais j'en autant, tu n'auras pas tort.

GANDUBERT, *maussade.*

Hein!

LANDREMOL.

Oui, ramone ta cheminée, fouchtra! Elle a beaucoup de chuie, et ne t'occupe pas de chelles des autres.

GANDUBERT, *se fâchant.*

Espèce d'Auvergnat, je vais bientôt t'apprendre de l'esprit.

LANDREMOL.

Faudrait en acheter avant.

GANDUBERT, *levant la main et allant vers lui.*

Tu mériterais...

LANDREMOL, *faisant aussi un ou deux pas en avant.*

Dis donc, Gandubert, tu chais que je chuis ton homme. Ne m'échauffe pas les joreilles, ou je vais javec che porte-plumes-là (*il montre sa main*) t'écrire mon nom en chinq lettres.

MERLIN, *tirant Landremol par le bras.*

Laisse-le donc tranquille avec sa figure. (*Le caporal entre avec les deux volontaires. Renaud s'essuie le front de bonne humeur.*)

# SCÈNE XI

### LES MÊMES, LE CAPORAL.

#### LE CAPORAL.

Très-bien, les amis, ça paraît touchant. Voyons, embrassez-vous, et que ça finisse... Provisoirement, voici un pain qu'on s'est procuré bon marché. (*Il le montre*).

#### MERLIN.

Donnez voir un peu. (*Il avance la main.*)

#### LE CAPORAL *lui retire le bras.*

Pas si vite, le dévorant !

#### RENAUD *tire de sa poche un saucisson.*

Et voici un saucisson... de Lyon.

#### BLANCHEMAIN.

Est-il authentique au moins ?

#### RENAUD.

Notaire, va ! (*Crânement.*) Si l'authenticité donne la force aux actes, tu sais bien que c'est la foi qui sauve.

#### BLANCHEMAIN.

Possible, mais le commerce des chats se fait par ici sur une si vaste échelle qu'on peut craindre d'en avoir au moins la queue d'un dans ton saucisson.

#### MERLIN.

Les plus dégoûtés laisseront leur part aux autres.

#### LANDREMOL.

Cha, ch'est vrai.

RENAUD.

Parfaitement. Aussi mangeons gaiement et fêtons ma première corvée du pain.

BLANCHEMAIN.

Et la dernière, je pense?

RENAUD.

La première, te dis-je... Jamais je n'ai eu si grand chaud et j'ai failli m'arrêter à la rivière pour boire à même. (*Gaiement.*) Cette corvée-là m'a rendu le cœur tout tendre. Viens que je t'embrasse. (*Il court à lui.*)

DEUX OU TROIS, *en riant.*

Oui, tenons-le.

BLANCHEMAIN, *s'enfuit.*

Merci, tu sens trop la farine.

RENAUD.

Assez de bagatelles. Voyons, caporal, faites les parts.

MERLIN.

Oui, dépêchez-vous; je crois que je n'ai pas mangé depuis avant-hier.

RENAUD, *au caporal qui a tiré son sabre.*

Nous sommes six; naturellement. faites six parts.

GANDUBERT, *maussadement.*

Je n'en suis pas.

RENAUD.

Et pourquoi, camarade?

GANDUBERT

Je ne mange pas avec les blancs-becs.

RENAUD.

Si le bec est blanc, le cœur est bon et vous invite au festin.

GANDUBERT.

Du cœur, allons donc, mauviette.

RENAUD, *allant à lui.*

Dites-moi, Gandubert, allons-nous finir par nous
fâcher ?

LANDREMOL.

Laichez-le donc tranquille. Autant vaudrait appri-
voijer un rhinochéroche.

RENAUD.

Du tout. Oui ou non, Gandubert, avez-vous l'in-
tention de m'insulter ?

GANDUBERT.

Possible, Monsieur les 1,500 francs.

RENAUD.

Il n'y a pas de 1,500 francs ici, entendez-vous ?

GANDUBERT.

Allez vous asseoir. Je vous dis que des messieurs
comme vous me dégoûtent du métier.

RENAUD.

Et en quoi, s'il vous plaît ?

GANDUBERT.

Ça suffit.

RENAUD, *résolument.*

Non, ça ne suffit pas, et je vous dis qu'il faut
retirer vos expressions blessantes.

GANDUBERT.

Mais gardez-les donc ! (*Il va pour sortir.*)

RENAUD, *le suit vivement, malgré les camarades qui
veulent l'arrêter.*

Laissez-moi, mes amis ; jamais, je ne cèderai devant l'insolence. (*Il met la main sur l'épaule à Gandu-bert*).

Vous cherchez une querelle, n'est-ce pas? Vous avez réussi.

GANDUBERT, *railleur.*

Il faut bien du temps pour vous échauffer les oreilles, mon petit.

RENAUD.

Vous êtes un insolent, entendez-vous? (*Gandubert, furieux, lève la main; Renaud se croise les bras.*)

Seriez-vous un lâche aussi par hasard? (*S'adressant aux autres*). Camarades, je me tiens pour insulté. (*A Gandubert*). Je vous demande raison.

LE CAPORAL.

Voyons, Gandubert, retire tes paroles; elles sont blessantes et injustes.

GANDUBERT.

Jamais.

RENAUD.

Hé bien, nous allons en finir de suite.

BLANCHEMAIN.

Tu es fou, ma parole.

LANDREMOL.

Non, vaut mieux ch'aligner, on ne cherait jamais bons j'amis chans cha. D'ailleurs, quand on a raijon, on n'a pas tort. Vous jallez voir que M. Gandubert va attraper une bonne lechon. (*Gandubert, lève les épaules.*) Chi le volontaire ne réuchit pas du premier coup, je m'en chargerai après.

RENAUD, *à Gandubert.*

J'ai le choix des armes, sans doute?

GANDUBERT, *à part.*

Ça parle d'armes! ah! malheur! (*à Renaud*) Bien entendu.

RENAUD.

Vous acceptez d'avance mes conditions?

GANDUBERT.

Absolument.

BLANCHEMAIN, *à Renaud.*

Tu ne vas pas être content que cet aimable Monsieur (*en montrant Gandubert*) ne t'ait embroché, tu vas voir ça?

GANDUBERT.

Dites donc, vous, l'autre blanc-bec, me prenez-vous pour un boucher?

BLANCHEMAIN.

Sapristi non, car j'estime les bouchers et... pas vous.

RENAUD.

Laisse-moi faire. (*Aux autres.*) Vous comprenez, les amis, qu'après trois semaines d'escrime, je ne peux pas faire un fameux prévôt?

LES AUTRES.

En effet.

GANDUBERT, *levant les épaules, à part.*

Voici le commencement de la reculade.

RENAUD.

Et puis, vous savez que j'ai certains principes...

LANDREMOL.

Dam, quand on est au régiment?

RENAUD.

Quand on est au régiment, on devrait vivre en bons camarades, devenir des soldats solides, et réserver son sang pour le prodiguer un jour devant l'ennemi.

LE CAPORAL.

Ça vaudrait certainement mieux.

RENAUD.

Enfin, si comme le craint Blanchemain, Gandubert sans le vouloir allait m'embrocher?

LE CAPORAL.

C'est vrai que ça c'est vu.

RENAUD.

J'en serais très-contrarié, car je trouve la vie fort agréable ici, et j'ai l'idée que Gandubert deviendra l'un de mes bons amis.

GANDUBERT, *à part.*

Plus souvent!

RENAUD.

Or, si j'étais mort, adieu Gandubert.

GANDUBERT.

Faudrait finir vos phrases, mon joli cadet.

RENAUD, *sans faire semblant d'avoir entendu.*

Mais si je l'embrochais, moi?

GANDUBERT.

Par exemple!

LANDREMOL, *à Gandubert.*

Cha ch'est vu auchi, et tu le mériterais quajiment.

RENAUD.

Jugez de mon désespoir. Dans ce cas encore, adieu Gandubert.

LANDREMOL, *à Blanchemain.*

Votre ami raijonne auchi bien que le capitaine inchtructeur; je l'entendrais un jour entier chans jéternuer.

RENAUD.

Mais il y a beaucoup d'autres moyens de s'éprouver.

Que veut, en effet, savoir le camarade Gandubert ?
Si j'ai autant de cœur que lui, sans doute.

GANDUBERT.

Oui, je ne serais pas fâché de savoir ça.

RENAUD.

Il est curieux de voir si devant le danger, le mal,
la souffrance, je ne faiblirai pas.

GANDUBERT.

Oui, justement, mon bon jeune homme.

RENAUD.

Nous sommes d'accord. Nous n'avons plus qu'à
opérer. Maintenant, Landremol, passez-moi cette
planchette qui est à côté de mon sac. (*Il la montre.*)

LANDREMOL.

Mais chest pas jun sabre ! (*Il la prend et la donne.*)

RENAUD.

Ça ne fait rien ; passez toujours.

GANDUBERT, *d'un ton rogue.*

Je savais bien qu'il allait caler.

RENAUD, *qui a entendu.*

Ne vous pressez pas tant de crier victoire.
(*S'adressant à tous.*)
Or voici mon idée :
Cette planchette est longue. Maniée par un bras
vigoureux, elle peut produire des résultats satisfai-
sants. (*A Landremol.*) Landremol, prenez-la. (*Il la
lui donne.*)

LANDREMOL.

Ch'est drôle !

RENAUD.

On va vous bander les yeux.

LANDREMOL.

Ah!

RENAUD.

Le caporal commandera le feu, et, à ses ordres, chacun son tour, Gandubert et moi, nous tendrons la main. Celui qui la retirera le premier sera vaincu... Mais il aura sa revanche avec l'autre main.

Qu'en dites-vous, les camarades?

LANDREMOL.

Tiens, mais ch'est pas chi chot.

GANDUBERT, *dédaigneux*.

Un duel, ça? Autant jouer à la main chaude. Je n'accepte pas.

LE CAPORAL.

Il le faut bien, puisque Renaud a le choix des armes. D'ailleurs tu as accepté ses conditions.

MERLIN.

C'est certain.

LE CAPORAL.

Voyons, Landremol, passe à l'ordre.

LANDREMOL *s'avance et salue militairement*.

Voichi, caporal. (*Le caporal lui bande les yeux.*)

LE CAPORAL, *à Renaud et à Gandubert*.

Maintenant, je vais vous numéroter.

GANDUBERT, *rageant à part*.

Si jamais je rengage avec du monde comme ça, il fera chaud! (*Aux autres.*) Caporal, ce que nous faisons là est superlativement ridicule.

LANDREMOL.

Pas déjà tant. Autant cha que de ch'embrocher.

GANDUBERT.

Tout le bataillon rira de nous.

**LANDREMOL.**

Cheux qui ne cheront pas contents viendront le dire ichi. Que chacun ramone cha cheminée.

Dépêchez-vous, cha m'ennuie de ne voir goutte et le chauchichon va ch'enrhumer.

**LE CAPORAL.**

Qui commence?

GANDUBERT ET RENAUD *se présentent ensemble et disent* :

Moi!

**RENAUD.**

C'est à moi, je suis l'insulté.

**GANDUBERT.**

Non pas, c'est à moi, comme plus ancien.

**LE CAPORAL.**

Alors, tirez à la courte-paille. (*Il cherche deux pailles.*)

BLANCHEMAIN *à Renaud.*

Tu tiens toujours à te faire estropier la main?

**RENAUD.**

N'aie pas peur; d'ailleurs on va commencer par la main gauche.

**LANDREMOL.**

Il n'est point bête, le volontaire. Je parie qu'il va gagner.

LE CAPORAL *présente les deux pailles.*

La plus longue sera le n° 1, il s'alignera le premier; tirez sans mot dire; Landremol ne doit pas savoir à qui le tour.

**LANDREMOL.**

Craignez rien, caporal; je vais taper à chaque fois comme un chourd.

GANDUBERT, *en s'approchant.*

Ce petit blanc-bec va se faire amener de jolies ampoules!

*(Ils tirent. Renaud a la grande paille; le caporal lui frappe sur l'épaule.)*

LE CAPORAL, *vivement.*

Vous êtes le n° un.

*(A Gandubert)* Vous, le n° deux.

*(Aux deux)* Au commandement de : A vous, le n° indiqué tendra la main; au commandement de : Feu, Landremol jouera de la planchette. *(Pendant cette explication, Landremol lève et abaisse sa planchette, pour s'excrcer )*

LANDREMOL.

Ch'est cha.

N'ayez pas peur, mon petit volontaire. *(Il se tourne vers Gandubert.)* Mon père m'a enchéigné une bonne rechette pour les jamboules; ch'est de la chuie et du chuif; je vous jarrangerai mon onguent mitonmitaine.....

Chi Gandubert veut *(Il se tourne vers Renaud)* je vais prendre votre plache.

RENAUD.

Grand merci, mais ce n'est pas possible.

GANDUBERT, *un peu radouci.*

Je vois, Renaud, que vous êtes plus crâne que je croyais. Je suis prêt maintenant à faire la paix et à vous accorder les honneurs de la guerre.

LE CAPORAL.

A la bonne heure.

GANDUBERT.

Faites-moi des excuses.

RENAUD, *souriant.*

Mais c'est vous, camarade, qui me les devez.

TOUS.

En effet.

GANDUBERT.

Des excuses! moi, un vieux trois-brisques, vous plaisantez !

RENAUD, *se tournant vers le caporal.*

Quand vous voudrez, caporal.

LANDREMOL.

Dépêchez-vous et n'ujez pas la planchette.

LE CAPORAL.

Pas de plaisanteries. Attention! Garde à vous...
ton! Droite, alignement, fixe! (*Gandubert et Renaud
se placent devant Landremol, qui est en côté.*)

GANDUBERT, *bourru, à part.*

Ah! malheur!

LE CAPORAL.

N° un... (Le sergent entre brusquement suivi de
deux ou trois soldats qui vont regarder par la fenêtre
à droite)

# SCÈNE XII

## LES MÊMES, LE SERGENT.

LE SERGENT.

Qui sait nager ici?(*Gandubert et les deux volontaires
se présentent.*)

LES TROIS,

Moi, sergent.

LE SERGENT.

Un bateau vient de chavirer ici derrière (il montre
le côté de la fenêtre) avec les hommes qui le mon-
taient. Allez vite, car les camarades sont presque tous
sortis. (*Les trois soldats ont déjà quitté leurs vestes;
Renaud est prêt le premier.*)

RENAUD, *sortant vivement.*

Dépêchons-nous. (*Il sort.*)

GANDUBERT.

Allons-y.

BLANCHEMAIN.

Emboîtons le pas. (*Ils sortent.*)

# SCÈNE XIII

LES MÊMES, moins GANDUBERT ET LES DEUX VOLONTAIRES.

Ils vont tous à la fenêtre.

LANDREMOL, *revenant sur la scène.*

Faudra que j'apprenne à nager; ch'est trop commode!

LE SERGENT, *à Landremol.*

Viens donc voir. (*Landremol s'approche.*)
Moi, j'aime le feu, mais pas l'eau.
En attendant, nos gaillards ont piqué une fameuse tête et les voilà qui nagent vigoureusement.

MERLIN.

Un petit bateau vient les aider.

LE CAPORAL.

Je ne vois plus Blanchemain.

LANDREMOL, *effrayé.*

Non, en vérité! Ah! mais je ne veux pas qu'il lui arrive un acchident. Déchendons.

MERLIN.

Mais puisque tu ne sais pas nager?

LANDREMOL.

Tant pis, ch'est ma faute. (*Il sort.*)

# SCÈNE XIV

LES MÊMES, toujours à la fenêtre.

LE SERGENT.

Gandubert et Renaud amènent au bord chacun un des noyés; quel terrible courant!

MERLIN, *les encourageant.*

Allons, les amis, encore un coup de jarret. Bon!
Le canot les accoste! Deux de pris sur l'ennemi! Aux
autres maintenant... Combien étaient-ils, sergent?

LE SERGENT

Quatre, je crois.

MERLIN.

Encore deux à trouver. Hardi, camarades! Tenez
bon! Vive le 107ᵉ. (*Il lève son képi*)...; dépêchez-vous,
Voici des dragons qui accourent. Faites la besogne
avant eux!

LE SERGENT.

Voyez-vous, là-bas? C'est Blanchemain qui a repêché un troisième noyé... Tonnerre! son fardeau lui
échappe... Courage, Blanchemain. Il le ressaisit.
Brave cœur! va. (*Il vient sur la scène.*) Ça me gêne de
les regarder.

MERLIN.

Ah! sergent, le courant l'emporte. Landremol se
fait attacher par une corde et se met à l'eau. Voilà
un camarade! Nom d'un castor! le courant les entraîne tous.

LE SERGENT, *qui s'est remis à la fenêtre.*

La fin ne va pas être belle.

MERLIN.

Houp! Les deux dragons s'élancent! Ils nagent
joliment bien aussi.

LE SERGENT.

Tant mieux; on n'est jamais trop dans ces mo-
ments-là. Allons, les dragons, les vieux casques!
Tenez bon, sang bleu!
Ils ont rattrapé les camarades... Ma foi! vive les
dragons!

MERLIN.

Renaud et Gandubert cherchent le quatrième noyé
sous le bateau! Plongeons, replongeons! C'est ça.
Bien! Vous le tenez, les amis! Bravo, bravo!

LE CAPORAL.

Le noyé est sauvé, mais où est Renaud?

LE SERGENT.

Tonnerre de tonnerre ; il a perdu pied et le courant l'entraîne! Pauvre garçon, il doit être épuisé. C'est fini, je ne puis plus voir ça. (*Il quitte la fenêtre.*)

MERLIN.

Venez donc, sergent! C'est pas Gandubert qui laisserait un camarade dans l'embarras!

LE CAPORAL.

Oui, il a repêché Renaud.
Tous sauvés enfin! (*Il revient sur la scène.*) Mon cœur bat le rappel à me briser la poitrine.
Que c'est beau le danger!

LE SERGENT, *revenant aussi sur le devant.*

Et le courage avec.
Mais, j'y pense ; que faisiez-vous donc quand je suis entré?. Vous aviez l'air tout drôle.

LE CAPORAL.

On allait se battre en duel.

LE SERGENT.

Dans la chambrée?

LE CAPORAL.

Oui, dans la chambrée.

LE SERGENT.

Gandubert et Renaud ?

LE CAPORAL.

Tous les deux. Un singulier duel et pas bête du tout, à la réflexion (*Landremol entre.*)

## SCÈNE XV

### LES MÊMES, LANDREMOL.

LANDREMOL.

Chapristi, mes j'enfants, je suis chupérieurement chatisfait! On a l'honneur (*il salue*) de vous j'informer que tout le monde est chain et chauf.

TOUS, *lui serrant la main.*

Tant mieux, tant mieux.

LANDREMOL.

Les camarades vont arriver tout à l'heure. On nous j'a fait chubito changer de pantalon et de veschte.

Ch'est les chivils qui étaient contents! « Chers j'amis par chi, mes j'enfants par là! Voulez-vous chi, voulez-vous cha. » (*Il imite divers tons.*)

(*D'un air de mystère.*) Mais j'on les j'a ennuyés un peu.

LES AUTRES.

Comment donc?

LANDREMOL.

Voilà-t-il pas qu'ils j'auraient voulu chavoir les noms des choldats qui ch'étaient mis j'à l'eau?

MERLIN.

C'est naturel.

LANDREMOL, *gaiement.*

Du tout, cha ne les regarde pas, n'est-che pas, chergent?

LE SERGENT.

Bien entendu!

LANDREMOL.

Tant mieux, mon chergent. (*Il s'essuie le front.*)

LE SERGENT.

Tu as donc eu chaud dans cette eau-là?

LANDREMOL.

Oui, chergent, terriblement chaud. Ch'est chi fort le courant! Ah! mes j'amis, cha vous j'enlève comme chi l'on tombait d'une cheminée! (*Arrivent Gandubert et les deux volontaires; Renaud donne le bras à Gandubert.*)

## SCÈNE XVI

### TOUS.

LE SERGENT, *allant leur serrer la main.*

Mes vieux fistons; c'est pas pour vous flatter, mais c'est rudement bien.

LE CAPORAL, *regardant Gandubert et Renaud.*

Si nous finissions le duel maintenant?

GANDUBERT.

Nous l'avons fini dans la rivière, n'est-ce pas, Renaud?

RENAUD.

Et tu m'as sauvé la vie, camarade.

GANDUBERT.

Ne parlons pas de çà : j'aime mieux vous faire des excuses.

MERLIN.

N'en parlons plus! A la guerre, comme à la guerre! Nom d'un castor, le 107ᵉ a de fiers lapins.

BLANCHEMAIN, *à Landremol.*

Tu m'as tiré d'une mauvaise passe, tu sais! Où est la lettre; je veux mettre la chose dedans.

LANDREMOL, *souriant.*

Ah dame! elle est partie!

BLANCHEMAIN.

Vilain sournois, tu me le paieras!

LANDREMOL.

Ecoutez, cha m'attendrit. Vaut mieux passer au chauchichon maintenant!

RENAUD.

C'est mon avis, mais nous sommes un peu échauffés. Merlin devrait bien nous aller chercher quelques bouteilles de cidre.

MERLIN, *s'approchant.*

Présent... d'autant que j'ai une soif très-sensible. (*Renaud lui donne de l'argent.*)

BLANCHEMAIN, *l'arrêtant.*

Apportez-donc aussi une bouteille de vin en l'honneur du sergent.

LE SERGENT, *narquois.*

Ça fera oublier la salle de police que votre ami a méritée.

LANDREMOL.

Ah! mon chergent, ne parlez pas de challe de poliche; cha mettrait de la chuie dans le chauchichon.

MERLIN.

En attendant, ne le mangez pas en mon absence! (*Il part.*)

# SCÈNE XVII

LES MÊMES, MOINS MERLIN.

BLANCHEMAIN, *gravement.*

Camarades, les notaires aiment les choses en règle.

RENAUD.

A la bonne heure, je te reconnais-là.

BLANCHEMAIN, *toujours grave.*

Quand les parties sont d'accord, il est bon de faire un écrit, un traité que l'on signe.

LANDREMOL.

Oui, ch'est plus cholennel.

BLANCHEMAIN.

Or, je viens d'apprécier le talent de rédaction vraiment remarquable de Landremol.

PLUSIEURS.

Pas possible ?

BLANCHEMAIN.

Je vous l'atteste. Si vous m'en croyez, il va dicter le traité de paix et d'alliance et je vais l'écrire.

TOUS.

Superbe, superbe !

LANDREMOL, *se rengorgeant.*

Allons-j'y. (*Tous se groupent autour de Landremol et de Blanchemain; celui-ci se met sur son lit et s'apprête à dicter.*)

LE SERGENT.

Attention et silence dans les rangs.

LANDREMOL, *prenant une pose emphatique.*

« Article primo. Dans la chambrée chi présente,
« on chera toujours jamis... chur terre et chur mer...
« Cheux qu'auront besoin d'un service le demande-
« ront; cheux qui feront les fiers (*se tournant vers les*
« *volontaires*) ou qui cheront mauchades (*se tournant*
« *vers Gandubert*), cheront mis j'a l'amende de deux
« chous.

TOUS.

Très-bien !

LE SERGENT.

Chut, n'interrompez pas l'orateur ?

LANDREMOL.

« Article deuzio. Les volontaires apprendront aux
« jautres les jaffaires du calcul, de l'écriture et de

« *l'orthographie*, et les jautres leur apprendrout l'ex-
« cherchiche du choldat. »

LES DEUX VOLONTAIRES.

Parfait ! parfait!

GANDUBERT.

Il n'est pas déjà si bête cet Auvergnat-là.

LANDREMOL.

La graine des jimbéchiles, mon coujin, n'a pu
monter chez nous, et puis, en voyageant, on prend
l'esprit aux jautres et on leur laiche le rechte. (*On rit*).
« Article tiercho. Les corvées cheront payées trois
« chous. »

.RENAUD.

Ce n'est pas assez cher.

LANDREMOL.

Mais puiche qu'on est des jamis !
(*A Blanchemain.*) D'ailleurs, je dicte tout seul.

BLANCHEMAIN.

Oui, Landremol, allez toujours. Vous êtes magni-
fique et je garderai une copie du traité pour le dé-
poser plus tard comme minute dans mon étude.

LANDREMOL, *s'extasiant.*

Ch'est-il vrai ?

BLANCHEMAIN.

Certainement. Continuons.
Landremol dictant. « Article carto. Les galons cheront payés en chus et cheux des volontaires cheront
payés à dichecréchion.

LE CAPORAL.

Il n'oublie rien, en vérité !

LANDREMOL.

« Article kinto. Ch'il y a des duels, on les fera dans
les rivières ou dans les j'inchendies.

LE CAPORAL.

Si j'étais le gouvernement, je n'en souffrirais pas d'autres.

LE SERGENT.

Caporal, mon ami, tu deviendras ministre de la guerre.

LANDREMOL, *continuant à dicter*.

« Ch'il faut che battre abcholument, on che battra à la planchette.

RENAUD.

Landremol, vous êtes le meilleur garçon du monde, et je vous donnerai toutes les leçons que vous voudrez.

BLANCHEMAIN.

La place est prise ; je suis son professeur en titre.

RENAUD.

Vous avez donc fait la paix ?

LANDREMOL.

Ch'est le fiche à la bonne dame! (*Il danse.*)

BLANCHEMAIN, *à Renaud*.

C'est tout un roman. Je te le conterai tantôt.

LE CAPORAL.

Landremol, mon vieux, finis ; mangeons, tu danseras après.

LANDREMOL.

Ch'est juchte, mais je crois que ch'est tout.

RENAUD.

Je demande la permission d'ajouter un article.

TOUS.

Oui, oui.

RENAUD.

« Article 6. On se tutoiera dans la chambrée. »

GANDUBERT, *lui présentant la main.*

Bravo, camarade.

LANDREMOL.

Faut chigner cha.

TOUS.

Signe pour nous; (*Il signe avec minutie en épelant les lettres de son nom, Merlin entre.*)


# SCÈNE XVIII

TOUS.

RENAUD.

A présent, caporal, faites les parts... (*Le caporal prend le saucisson et le divise avec son sabre, un peu en arrière de la scène.*)
Merlin est mort de faim.
(*Merlin, pendant ce temps, a pris des bouteilles et en remet une au sergent, une au caporal et une à chacun des volontaires.*)

MERLIN.

Oui, c'est vrai, et Landremol a grand soif.

LANDREMOL.

Mauvais chujet... (*Aux deux volontaires*) On a peut-être des verres chez les notaires, mais ch'est très-bon auchi à la bouteille.

RENAUD.

Je le crois bien.
(*A Blanchemain en lui tendant sa bouteille contre la sienne.*)
A ta santé, l'involontaire.

BLANCHEMAIN, *choquant sa bouteille.*

A la tienne, mauvaise tête; j'écrirai à tes parents que tu t'es battu en duel.

RENAUD, *au même.*

Je ferai aussi ton portrait à ta mère!

LANDREMOL, *qui a entendu.*

Ah ! ne faites pas de chagrin à la bonne dame, je vous j'en chupplie.

RENAUD, *à Blanchemain.*

Mais, voyons, qu'en dis-tu ?

BLANCHEMAIN, *souriant.*

Je crois que ça marchera.

LANDREMOL.

Oui, je ferai venir ma vielle.

RENAUD, *à Blanchemain.*

Tu vois que la corvée du pain a du bon ?

LANDREMOL, *étendant la main crânement.*

Chertainement ! (*Le sergent le caporal et les deux volontaires trinquent ensemble* (1).

RIDEAU.

(1) S'il y avait de bons chanteurs parmi les acteurs, on pourrait terminer par un chant militaire (*Le Clairon, les Turcos, Notre drapeau,* etc.), ou un chœur, et Landremol ajouterait : *En attendant ma vielle, chi X..., qui a un gogier comme un rochignol, nous chantait quelque choge.* — TOUS. *oui, oui !* — X. *Buvons un coup* (Il boit) *et allons-y.* (Il chante.)

# LES PLAIDEURS

## DE RACINE

### COMÉDIE EN TROIS ACTES

ARRANGÉE POUR JEUNES GENS

**PAR A. HERVO**

———————

Afin de former la jeunesse à la déclamation des vers, nous publions *les Plaideurs*, de Racine, ce chef-d'œuvre d'esprit, où notre langue a puisé à chaque page des locutions devenues proverbiales.

*Les Plaideurs* ont paru déjà, corrigés pour jeunes gens. Nos lecteurs reconnaîtront, nous en avons l'espoir, que notre édition est beaucoup plus soignée et plus complète, et contient un grand nombre de renseignements inédits, extrêmement utiles pour la représentation.

A. H.

———————

## PERSONNAGES

---

DANDIN, juge.

LÉANDRE, fils de Dandin.

CHICANEAU, bourgeois.

Le COMTE DE PIMBESCHE.

PETIT-JEAN, portier.

L'INTIMÉ, secrétaire du juge.

Le SOUFFLEUR.

UNE VOIX dans la coulisse, faisant ISABELLE, fille
de Chicaneau.

---

*La scène est dans une ville de Basse Normandie.*

Premier et deuxième actes, dans la rue;
le troisième chez Dandin.

---

# LES PLAIDEURS

## ACTE PREMIER

La scène représente une rue ou une petite place. A côté
l'une de l'autre, ou en face, la maison du juge et celle de
Chicaneau. Il ne fait pas encore jour.

## SCÈNE I

PETIT-JEAN, *trainant un gros sac de procès.*

Ma foi sur l'avenir bien fou qui se fiera :
Tel qui rit vendredi, dimanche pleurera.
Un juge, l'an passé, me prit à son service ;
Il m'avait fait venir d'Amiens pour être suisse.
Tous ces Normands voulaient se divertir de nous ;
On apprend à hurler, dit l'autre, avec les loups.
Tout Picard que j'étais, j'étais un bon apôtre,
Et je faisais claquer mon fouet tout comme un autre.
Tous les plus gros messieurs me parlaient chapeau bas.
Monsieur de Petit-Jean, ah ! gros comme le bras.
Mais sans argent l'honneur n'est qu'une maladie.
Ma foi ! j'étais un franc portier de comédie :
On avait beau heurter et m'ôter son chapeau,
On n'entrait point chez nous sans graisser le marteau.
Point d'argent, point de suisse ; et ma porte était close,
Il est vrai qu'à monsieur j'en rendais quelque chose ;
Nous comptions quelquefois. On me donnait le soin
De fournir la maison de chandelle et de foin.
Mais je n'y perdais rien. Enfin, vaille que vaille,
J'aurais sur le marché fort bien fourni la paille.
C'est dommage : il avait le cœur trop au métier ;
Tous les jours le premier aux plaids et le dernier ;
Et bien souvent tout seul, si l'on l'eut voulu croire,
Il s'y serait couché sans manger et sans boire.

Je lui disais parfois ; Monsieur Perrin Dandin,
Tout franc, vous vous levez tous les jours trop matin.
Qui veut voyager loin ménage sa monture ;
Buvez, mangez, dormez, et faisons feu qui dure.
Il n'en a tenu compte. Il a si bien veillé
Et si bien fait, qu'on dit que son timbre est brouillé.
Il nous veut tous juger les uns après les autres.
Il marmotte toujours certaines patenôtres
Où je ne comprends rien. Il veut bon gré, mal gré,
Ne se coucher qu'en robe et qu'en bonnet carré.
Il fit couper la tête à son coq, de colère,
Pour l'avoir éveillé plus tard qu'à l'ordinaire ;
Il disait qu'un plaideur dont l'affaire allait mal
Avait graissé la patte à ce pauvre animal.
Depuis ce bel arrêt, le pauvre homme a beau faire,
Son fils ne souffre plus qu'on lui parle d'affaire.
Il nous le fait garder jour et nuit et de près ;
Autrement, serviteur, et mon homme est aux plaids.
Pour s'échapper de nous, Dieu sait s'il est allègre.
Pour moi, je ne dors plus ; aussi je deviens maigre,
C'est pitié. Je m'étends, et ne fais que bailler,
Mais, veille qui voudra, voici mon oreiller.
Ma foi ! pour cette nuit il faut que je m'en donne.
Pour dormir dans la rue on n'offense personne.
Dormons.

(Il se couche par terre.)

## SCÈNE II

L'INTIMÉ, PETIT-JEAN.

L'INTIMÉ.

Hé, Petit-Jean ! Petit-Jean !

PETIT-JEAN.

L'Intimé !

(A *part.*)
Il a déjà bien peur de me voir enrhumé.

L'INTIMÉ.

Que diable ! si matin que fais-tu dans la rue ?

PETIT-JEAN.

Est-ce qu'il faut toujours faire le pied de grue,
Garder toujours un homme, et l'entendre crier ?
Quelle gueule ! pour moi je crois qu'il est sorcier.

L'INTIMÉ.

Bon !

PETIT-JEAN.

Je lui disais donc en me grattant la tête,
Que je voulais dormir : « Présente ta requête
« Comme tu veux dormir, » m'a-t-il dit gravement.
Je dors en te contant la chose seulement.
Bonsoir.

L'INTIMÉ.

Comment, bonsoir ? Que Chicaneau l'emporte
Si... Mais j'entends du bruit au-dessus de la porte.


## SCÈNE III

DANDIN, L'INTIMÉ, PETIT-JEAN.

DANDIN, *paraissant à la fenêtre, n'ayant que son panta-*
*lon, mais en bonnet carré.*

Petit-Jean ! l'Intimé !

L'INTIMÉ, *à Petit-Jean,*
Paix.

DANDIN.

Je suis seul ici.
Voià mes guichetiers en défaut, dieu merci.
Si je leur donne temps, ils pourront comparaître ;
Çà, pour nous élargir, sautons par la fenêtre.
Hors de cour.
(*Il saute par la fenêtre, de gros dossiers sous le bras.*)

L'INTIMÉ.

Comme il saute !

PETIT-JEAN.

O monsieur, je vous tiens.

DANDIN.

Au voleur ! au voleur !

PETIT-JEAN.

Oh ! nous vous tenons bien.

L'INTIMÉ.

Vous avez beau crier.

DANDIN.

Main forte! l'on me tue!

*(Léandre accourt précipitamment en robe de chambre.)*

# SCÈNE IV

### LÉANDRE, DANDIN, L'INTIMÉ, PETIT-JEAN.

LÉANDRE.

Vite un flambeau! j'entends mon père dans la rue.

*(Il aperçoit son père).*

Mon père, si matin qui vous fait déloger?
Où courez-vous la nuit?

DANDIN.

Je veux aller juger.

LÉANDRE.

Et qui juger? tout dort.

PETIT-JEAN.

Ma foi! je ne dors guères.

LÉANDRE, *apercevant Petit-Jean couché.*

Que de sacs! il en a jusques aux jarretières.

DANDIN.

Je ne veux de trois mois rentrer dans la maison.
De sacs et de procès j'ai fait provision.

LÉANDRE.

Et qui vous nourrira?

DANDIN.

Le buvetier, je pense.

LÉANDRE.

Mais où dormirez-vous, mon père.

DANDIN.

A l'audience.

LÉANDRE.

Non, mon père, il vaut mieux que vous ne sortiez pas.
Dormez chez vous ; chez vous faites tous vos repas.
Souffrez que la raison enfin vous persuade :
Et pour votre santé...

DANDIN.

Je veux être malade.

LÉANDRE.

Vous ne l'êtes que trop. Donnez-vous du repos,
Vous n'avez tantôt plus que la peau sur les os.

DANDIN.

Du repos ? Ah ! sur toi tu veux régler ton père ?
Crois-tu qu'un juge n'ait qu'à faire bonne chère,
Qu'à battre le pavé comme un tas de galants,
Courir le bal la nuit, et le jour les brelans ?
L'argent ne nous vient pas si vite que l'on pense.
Chacun de tes rubans me coûte une sentence.
Ma robe vous fait honte. Un fils de juge ! ah ! fi !
Tu fais le gentilhomme : hé ! Dandin, mon ami,
Regarde dans ma chambre et dans ma garde-robe
Les portraits des Dandin : tous ont porté la robe,
Et c'est le bon parti. Compare prix pour prix
Les étrennes d'un juge à celles d'un marquis :
Attends que nous soyons à la fin de décembre.
Qu'est-ce qu'un gentilhomme ? Un pilier d'anticham-
Combien en as-tu vu, je dis des plus huppés,      [bre.
A souffler dans leurs doigts dans ma cour occupés,
Le manteau sur le nez, ou la main dans la poche,
Et pour se chauffer, venir tourner ma broche,
Et voilà comme on fait les bonnes maisons. Va,
Tu ne seras qu'un sot.

LÉANDRE.

Vous vous morfondez là,
Mon père. Petit-Jean, remenez votre maître.

Couchez-le dans son lit ; fermez porte, fenêtre ;
Qu'on barricade tout, afin qu'il ait plus chaud.

PETIT-JEAN.

Faites donc mettre au moins des garde-fous là-haut.

DANDIN.

Quoi ! l'on me mènera coucher sans autre forme ?
Obtenez un arrêt comme il faut que je dorme.

LÉANDRE.

Hé ! par provision, mon père, couchez-vous.

DANDIN.

J'irai ; mais je m'en vais vous faire enrager tous :
Je ne dormirai point.

LÉANDRE.

        Eh ! Petit-Jean, s'il crie,
Empêchez seulement qu'il ne sorte.

## SCÈNE V

### LÉANDRE, L'INTIMÉ,

LÉANDRE.

Je veux t'entretenir un moment sans témoin.

L'INTIMÉ.

Quoi ! vous faut-il garder ?

LÉANDRE.

        J'en aurais bon besoin.
J'ai ma folie, hélas ! aussi bien que mon père.

L'INTIMÉ.

Oh ! vous voulez juger ?

LÉANDRE, *montrant le logis d'Isabelle.*

        Laissons là le mystère.
Tu connais ce logis.

L'INTIMÉ.

        Je vous entends enfin :
Je sais qui vous éveille ainsi de grand matin.

Vous me parler sans doute d'Isabelle.
Je vous l'ai dit cent fois ; elle est sage, elle est belle ;
Mais vous devez songer que Monsieur Chicaneau.
De son bien en procès consume le plus beau.
Qui ne plaide-t-il point ? Je crois qu'à l'audience
Il fera, s'il ne meurt, venir toute la France.
Tout auprès de son juge il s'est venu loger :
L'un veut plaider toujours, l'autre toujours juger.
Et c'est un grand hasard s'il conclut votre affaire
Sans plaider le curé, le gendre et le notaire.

LÉANDRE.

Je le sais comme toi. Mais, malgré tout cela
Je meurs pour Isabelle.

L'INTIMÉ.

Eh bien, épousez-là.
Vous n'avez qu'à parler, c'est une affaire prête.

LÉANDRE.

Hé ! cela ne va pas si vite que ta tête.
Son père est un sauvage à qui je ferais peur.
A moins que d'être huissier, sergent ou procureur
On ne voit point sa fille, et la pauvre Isabelle,
Invisible et dolente est en prison chez elle.
Elle voit dissiper sa jeunesse en regrets,
Son espoir en fumée et son bien en procès.
Il la ruinera si l'on le laisse faire.
Et ma foi, de chagrin j'irai bientôt en terre.
Ne pourrais-tu, dis-moi, t'habiller en sergent.
Prendre en soutien ma cause, en te payant, s'entend ?

L'INTIMÉ.

Mais, de quoi s'agit-il : Je suis tout à mon maître
Je vous servirai.

LÉANDRE.

Toi ?

L'INTIMÉ.

Mieux qu'un autre, peut-être.

LÉANDRE.

Tu porterais au père un faux exploit ?

4.

L'INTIMÉ.

Bon! bon·!

LÉANDRE.

Tu rendrais à sa fille un billet.

L'INTIMÉ.

Pourquoi non?

LÉANDRE.

Le procédé, sans doute, est très-indigne d'elle.
Mais que faire?

L'INTIMÉ.

Sans doute, puisque votre Isabelle,
N'a pas d'autres parents que Monsieur Chicaneau
Qui, comme le renard, périra dans sa peau.
A qui vous adresser?

LÉANDRE.

Viens, je l'entends qui crie!
Allons à ce dessein rêver ailleurs.
(*Ils sortent.*)

## SCÈNE VI

CHICANEAU, puis PETIT-JEAN.

CHICANEAU, *allant et revenant.*

La Brie,
Qu'on garde la maison, je reviendrai bientôt.
Qu'on ne laisse monter aucune âme là-haut.
Fais·porter cette lettre à la poste du Maine.
Prends-moi dans mon clapier trois lapins de garenne,
Et chez mon procureur porte-les ce matin.
Si son clerc vient céans, fais-lui goûter mon vin.
Ah! donne-lui ce sac qui pend à ma fenêtre.
Est-ce tout? Il viendra me demander peut-être
Un grand homme sec, là, qui me sert de témoin,
Et qui jure pour moi lorsque j'en ai besoin :
Qu'il m'attende. Je crains que mon juge ne sorte :
Quatre heures vont sonner. Mais frappons à sa porte.

PETIT-JEAN, *entr'ouvrant la porte.*

Qui va là?

CHICANEAU.

Peut-on voir monsieur ?

PETIT-JEAN, *fermant la porte.*

Non.

CHICANEAU, *frappant à la porte.*

Pourrait-on

Dire un mot à monsieur son secrétaire ?

PETIT-JEAN, *entr'ouvrant et refermant la porte.*

Non.

CHICANEAU, *frappant à la porte.*

Et monsieur son portier ?

PETIT-JEAN, *ouvrant.*

C'est moi-même.

CHICANEAU.

De grâce,

Buvez à ma santé, monsieur.
(*Il lui donne de l'argent*).

PETIT-JEAN, *prenant l'argent.*

Grand bien vous fasse !

(*fermant la porte* )
Mais revenez demain.

CHICANEAU.

Hé ! rendez donc l'argent.
Le monde est devenu, sans mentir, bien méchant.
J'ai vu que les procès ne donnaient point de peine ;
Six écus en gagnaient une demi-douzaine.
Mais aujourd'hui, je crois que tout mon bien entier
Ne me suffirait pas pour gagner un portier.
Mais j'aperçois l'époux de la noble comtesse
De Pimbêche. Il accourt pour affaire qui presse.
(*Le comte arrive essoufflé.*)

## SCÈNE VII

LE COMTE, CHICANEAU.

CHICANEAU.

Monsieur, on n'entre plus.

LE COMTE.

　　　　　　　　Hé bien! l'ai-je pas dit?
Sans mentir, mes valets me font perdre l'esprit.
Pour les faire lever c'est en vain que je gronde;
Il faut que tous les jours j'éveille tout le monde.

CHICANEAU.

Il faut absolument qu'il se fasse céler.

LE COMTE.

Pour moi depuis deux jours je ne lui puis parler.

CHICANEAU.

Ma partie est puissante, et j'ai lieu de tout craindre.

LE COMTE.

Après ce qu'on m'a fait, il ne faut plus se plaindre.

CHICANEAU.

Si pourtant j'ai bon droit.

LE COMTE.

　　　　　　　　Ah, monsieur! quel arrêt!

CHICANEAU.

Je m'en rapporte à vous. Écoutez, s'il vous plaît.

LE COMTE.

Il faut que vous sachiez, monsieur, la perfidie...

CHICANEAU.

Ce n'est rien dans le fond.

LE COMTE.

　　　　　　　　Monsieur, que je vous die...

CHICANEAU.

Voici le fait. Depuis quinze ou vingt ans en ça.
Au travers d'un mien pré certain ânon passa,
S'y vautra, non sans faire un notable dommage,
Dont je formai ma plainte au juge du village.
Je fais saisir l'ânon. Un expert est nommé;
A deux bottes de foin le dégât estimé.

Enfin, au bout d'un an, sentence par laquelle
Nous sommes renvoyés hors de cour. J'en appelle.
Pendant qu'à l'audience on poursuit un arrêt,
Remarquez bien ceci, cher monsieur, s'il vous plait;
Notre ami Drolichon, qui n'est pas une bête,
Obtient pour quelque argent un arrêt sur requête;
Et je gagne ma cause. A cela que fait-on?
Mon chicaneur s'oppose à l'exécution.
Autre incident : tandis qu'au procès on travaille,
Ma partie en mon pré laisse aller sa volaille.
Ordonné qu'il sera fait rapport à la cour
Du foin que peut manger une poule en un jour :
Le tout joint au procès. Enfin, et toute chose
Demeurant en état, on appointe la cause
Le cinquième ou sixième avril cinquante-six.
J'écris sur nouveaux frais. Je produis, je fournis
De dits, de contredits, enquêtes, compulsoires,
Rapports d'experts, transports, trois interlocutoires,
Griefs et frais nouveaux, baux et procès-verbaux.
J'obtiens lettres royaux, et je m'inscris en faux.
Quatorze appointements, trente exploits, six instances,
Six vingts productions, vingt arrêts de défenses,
Arrêt enfin. Je perds ma cause avec dépens,
Estimés environ cinq à six mille francs.
Est-ce là à faire droit? est-ce là comme on juge?
Après quinze ou vingt ans! Il me reste un refuge;
La requête civile est ouverte pour moi,
Je ne suis pas rendu. Mais vous comme je voi,
Vous plaidez!

LE COMTE.

Plût à Dieu!

CHICANEAU.

J'y brûlerai mes livres.

LE COMTE.

Je...

CHICANEAU.

Deux bottes de foin cinq à six mille livres!

LE COMTE.

Monsieur, tous mes procès allaient être finis :
Il ne m'en restait plus que quatre ou cinq petits,

L'un contre ma femme, l'autre contre mon père,
Et contre mes enfants. Ah! monsieur! la misère!
Je ne sais quel biais ils ont imaginé;
Moyennant pension, les juges ont donné
Un arrêt par lequel, c'est ce qui m'humilie,
On me défend, monsieur, de plaider de ma vie.

CHICANEAU.

De plaider?

LE COMTE.

.De plaider.

CHICANEAU.

         Certes, le trait est noir.
J'en suis surpris.

LE COMTE.

       Monsieur, j'en suis au désespoir.

CHICANEAU.

Comment! lier les mains aux gens de votre sorte !
Mais cette pension, monsieur, est-elle forte?

LE COMTE.

Je n'en vivrais, monsieur, que trop honnêtement.
Mais vivre sans plaider, est-ce contentement?

CHICANEAU.

Des chicaneurs viendront nous manger jusqu'à l'âme,
Et nous ne dirons mot! Mais ce serait infâme!
Depuis quand plaidez-vous ?

LE COMTE.

         Il ne m'en souvient pas.
Depuis trente ans au plus.

CHICANEAU.

        Ce n'est pas trop.

LE COMTE.

                Hélas!

CHICANEAU.

Et quel âge avez-vous? Vous avez bon visage.

LE COMTE.

Hé! quelque soixante ans.

CHICANEAU.
Comment ! c'est le bel âge
Pour plaider.

LE COMTE.
Laissez faire, ils ne sont pas au bout.
J'y vendrai ma chemise ; et je veux rien ou tout.

CHICANEAU.
Monsieur, écoutez-moi. Voici ce qu'il faut faire.

LE COMTE.
Oui, monsieur, je vous crois comme mon propre père.

CHICANEAU.
J'irais trouver mon juge.

LE COMTE.
Oh ! oui, monsieur, j'irai.

CHICANEAU.
Me jeter à ses pieds.

LE COMTE.
Oui, je m'y jetterai,
Je l'ai bien résolu.

CHICANEAU.
Mais daignez donc m'entendre.

LE COMTE.
Oui, vous prenez la chose ainsi qu'il faut la prendre.

CHICANEAU.
Avez-vous dit, monsieur ?

LE COMTE.
Oui.

CHICANEAU.
J'irais sans façon
Trouver mon juge ;

LE COMTE.
Hélas ! que ce monsieur est bon !

CHICANEAU.
Si vous parlez toujours ; il faut que je me taise.

LE COMTE.

Ah! que vous m'obligez! Je ne me sens pas d'aise.

CHICANEAU.

J'irais trouver mon juge, et lui dirais...

LE COMTE.

Oui.

CHICANEAU.

Vois!

Et lui dirais, monsieur...

LE COMTE.

Oui, monsieur.

CHICANEAU.

Liez-moi.

LE COMTE.

Monsieur, je ne veux point être lié.

CHICANEAU.

A l'autre!

LE COMTE.

Je ne le serai point!

CHICANEAU.

Quelle humeur est la vôtre!

LE COMTE.

Non.

CHICANEAU.

Vous ne savez pas, monsieur, où je viendrai.

LE COMTE.

Je plaiderai, monsieur, ou bien je ne pourrai.

CHICANEAU.

Mais...

LE COMTE.

Mais je ne veux point, monsieur, que l'on me lie.

CHICANEAU.

Enfin quand un plaideur en tête a sa folie...

LE COMTE.

Fou vous-même.

CHICANEAU.

Monsieur !

LE COMTE.

Et pourquoi me lier ?

CHICANEAU.

Monsieur...

LE COMTE.

Voyez-vous, il se rend familier.

CHICANEAU.

Mais, monsieur...

LE COMTE.

Un crasseux, qui n'a que sa chicane,
Veut donner des avis !

CHICANEAU.

Monsieur !

LE COMTE.

Avec son âne !

CHICANEAU.

Vous me poussez.

LE COMTE.

Bon homme, allez garder vos foins.

CHICANEAU.

Vous m'excédez.

LE COMTE.

Le sot !

CHICANEAU.

Que n'ai-je des témoins.
(*Petit-Jean entre et le regarde en se croisant les bras.*)

## SCÈNE VIII

PETIT-JEAN, LE COMTE, CHICANEAU.

PETIT-JEAN.

Voyez le beau sabbat qu'ils font à notre porte.
Messieurs, allez plus loin tempêter de la sorte.

LES PLAIDEURS                              5

CHICANEAU.

Monsieur, soyez témoin...

LE COMTE.

Que monsieur est un sot.

CHICANEAU.

Monsieur, vous l'entendez, retenez bien ce mot.

PETIT-JEAN, *au comte.*

Ah! vous ne deviez pas lâcher cette parole.

LE COMTE.

Est-ce à lui de traiter ma conduite de folle?

PETIT-JEAN, *à Chicaneau.*

Folie! vous avez tort, pourquoi l'injurier?

CHICANEAU.

On le conseille.

PETIT-JEAN,

Oh!

LE COMTE.

Oui, de me faire lier.

PETIT-JEAN.

Oh! monsieur!

CHICANEAU.

Jusqu'au bout il faut bien qu'il m'écoute.

PETIT-JEAN, *au comte.*

Monsieur!

LE COMTE.

Qui? moi, souffrir de ma raison qu'on doute?

CHICANEAU.

Un braillard!

PETIT-JEAN.

Allons! paix!

LE COMTE.

Un chicaneur!

PETIT-JEAN.

Holà!

CHICANEAU.

Qui n'ose plus plaider!

LE COMTE.

Que t'importe cela?
Qu'est-ce qui t'en revient, faussaire abominable,
Brouillon, voleur?
(*Il montre le poing à Chicaneau.*)

CHICANEAU.

Et bon, et bon, de par le diable
Un sergent! un sergent!

LE COMTE.

Un huissier! un huissier!
(*Ils s'éloignent à grands pas.*)

PETIT-JEAN, *seul.*

Ma foi, juge et plaideurs, il faudrait tout lier.

(RIDEAU).

---

# ACTE SECOND

## SCÈNE I

### LÉANDRE, L'INTIMÉ.

L'INTIMÉ.

Monsieur, encore un coup, je ne puis pas tout faire;
Puisque je fais l'huissier, faites le commissaire.
En robe, sur mes pas, il ne faut que venir.
Vous aurez tout moyen de vous entretenir.
Changez en cheveux noirs votre perruque blonde.
Ces plaideurs songent-ils que vous soyez au monde?
Hé! lorsqu'à votre père ils vont faire leur cour,
A peine seulement savez-vous s'il est jour.
Mais n'admirez-vous pas mon esprit, mon adresse?

Le comte de Pimbèche à moi, tantôt, s'adresse,
Et, dès qu'il m'aperçoit, donnant dans le panneau,
Me charge d'un exploit pour M. Chicaneau.
Et le fait assigner pour certaine parole
Par laquelle il taxait sa conduite de folle,
Je dis folle à lier, et pour d'autres excès
Et blasphèmes; toujours l'ornement des procès?
Mais vous ne dites rien de tout mon équipage?
Ai-je bien d'un sergent le port et le visage?

LÉANDRE.

Ah ! fort bien!

L'INTIMÉ.

Je ne sais, mais je me sens enfin
L'âme et le dos six fois plus durs que ce matin.
Quoiqu'il en soit, voici l'exploit et votre lettre;
Isabelle l'aura, j'ose vous le promettre.
Mais, pour faire signer le contrat que voici,
Il faut que sur mes pas vous vous rendiez ici.
Vous feindrez d'informer sur toute cette affaire,
Et vous ferez la cour en présence du père.

LÉANDRE.

Mais ne va pas donner l'exploit pour le billet.

L'INTIMÉ.

Le père aura l'exploit, la fille le poulet.
Rentrez.

(*L'intimé va frapper à la porte d'Isabelle et l'on entend*
*s'ouvrir un petit guichet.*)

## SCÈNE II

Une voix de l'intérieur, L'INTIMÉ.

LA VOIX.

Qui frappe ?

L'INTIMÉ.

Ami (*à part*), c'est la voix d'Isabelle.

LA VOIX.

Demandez-vous quelqu'un, Monsieur ?

L'INTIMÉ.

Mademoiselle,

C'est un petit exploit que j'ose vous prier
De m'accorder l'honneur de vous signifier.

LA VOIX.

Monsieur, excusez-moi, je n'y puis rien comprendre :
Mon père va venir qui pourra vous entendre.

L'INTIMÉ.

Il n'est donc pas ici ? mademoiselle.

LA VOIX.

Non.

L'INTIMÉ.

L'exploit, mademoiselle, est mis sous votre nom.

LA VOIX.

Monsieur, vous me prenez pour une autre, sans doute :
Sans avoir de procès, je sais ce qu'il en coûte ;
Et si l'on n'aimait pas à plaider plus que moi,
Vos pareils pourraient bien chercher un autre emploi.
Adieu.

L'INTIMÉ.

Mais permettez...

LA VOIX.

Je ne veux rien permettre.

L'INTIMÉ.

Ce n'est pas un exploit.

LA VOIX.

Chanson !

L'INTIMÉ.

C'est une lettre.

LA VOIX.

Encore moins.

L'INTIMÉ.

Mais lisez.

LA VOIX.

Vous ne m'y tenez pas.

L'INTIMÉ.

C'est de monsieur...

LA VOIX.

Adieu.

L'INTIMÉ.

Léandre.

LA VOIX.

Parlez bas.

C'est de monsieur...

L'INTIMÉ.

Que diable ! on a bien de la peine
A se faire écouter : je suis tout hors d'haleine.

LA VOIX.

Ah ! L'intimé, pardonne à mes sens étonnés ;
Donne.

L'INTIMÉ.

Vous me deviez fermer la porte au nez.

LA VOIX.

Et qui t'aurait connu, déguisé de la sorte ?
Mais donne.

L'INTIMÉ.

Aux gens de bien ouvre-t-on votre porte ?

LA VOIX.

Hé ! donne donc.

L'INTIMÉ.

La peste !

LA VOIX.

Oh ! ne donnez donc pas ;
Avec votre billet retournez sur vos pas.

L'INTIMÉ.

Tenez. Une autre fois ne soyez pas si prompte.
          (*Chicaneau entre sur la scène.*)

## SCENE III

#### CHICANEAU, LA VOIX, L'INTIMÉ.

CHICANEAU, *à part.*

Ah ! je suis donc un sot, un voleur, à son compte :
Un sergent s'est chargé de le remercier;
Et je lui vais servir un plat de mon métier.
Je serais bien fâché que ce fut à refaire.
Oui, ma citation arrivera première.
        (*Il aperçoit l'Intimé près du guichet.*)
Mais un homme ici parle à ma fille ! Comment !
Elle a pris un billet. C'est de quelque insolent !
Approchons.

LA VOIX, *bas.*

        Tout de bon, ton maître est-il sincère ?
Le croirai-je !

L'INTIMÉ, *de même.*

        Il ne dort non plus que votre père.
Il se tourmente : il vous... (*apercevant Chicaneau*)
                Fera voir aujourd'hui
Que l'on ne gagne rien à plaider contre lui.

LA VOIX, *apercevant Chicaneau.*

C'est mon père !
    (*à l'Intimé*) Vraiment, vous leur pouvez apprendre
Que si l'on nous poursuit, nous saurons nous défendre.
        (*Déchirant le billet*).
Tenez, voilà le cas qu'on fait de votre exploit.

CHICANEAU.

Comment c'est un exploit que ma fille lisait !
Ah! tu seras un jour l'honneur de ta famille;
Tu défendras ton bien. Viens, mon sang, viens, ma fille.
Va, je t'achèterai le Praticien français.
Mais, diantre, il ne faut pas déchirer les exploits.

LA VOIX, *à l'Intimé.*

Au moins, dites-leur bien que je ne les crains guère,
Ils me feront plaisir : je les mets à pis faire.

CHICANEAU.

La pauvre enfant! Va, va, je te marierai bien,
Dès que je le pourrai, s'il ne m'en coûte rien.

L'INTIMÉ.

Mon message est rempli ; ma partie est contente.

LA VOIX.

Monsieur, assurez là qu'Isabelle est constante.

CHICANEAU.

Eh ! ne te fâche point.

LA VOIX.

Adieu, Monsieur.
(*Le guichet se referme*).

## SCÈNE IV

CHICANEAU, L'INTIMÉ.

L'INTIMÉ, *se mettant en état d'écrire*

Or, ça,
Verbalisons.

CHICANEAU.

Monsieur, de grâce, excusez-là,
Elle n'est pas instruite ; et puis, si bon vous semble,
En voici les morceaux que je vais mettre ensemble.

L'INTIMÉ.

Non.

CHICANEAU.

Je le lirai bien.

L'INTIMÉ.

Je ne suis pas méchant.
J'en ai sur moi copie.

CHICANEAU.

Ah ! le trait est touchant !
Mais je ne sais pas pourquoi, plus je vous envisage.
Et moins, je me remets, monsieur, votre visage.
Je connais force huissiers.

L'INTIMÉ.

Informez-vous de moi.
Je m'acquitte assez bien de mon petit emploi.

CHICANEAU.

Soit. Pour qui venez-vous?

L'INTIMÉ.

Pour un homme honorable,
Monsieur, qui vous respecte, et croit indispensable
Que vous veniez sans faute, à ma sommation,
Lui faire un petit mot de réparation.

CHICANEAU.

De réparation? Je n'ai blessé personne.

L'INTIMÉ.

Je le crois; vous avez, monsieur, l'âme trop bonne!

CHICANEAU.

Que demandez-vous donc?

L'INTIMÉ.

Il désire, Monsieur,
Que devant des témoins vous lui fassiez l'honneur
D'avouer sans détour et de façon probante
Que sa conduite est sage et point extravagante.

CHICANEAU.

Parbleu! c'est mon comte.

L'INTIMÉ.

Ah! vous êtes obligeant,
Monsieur.

CHICANEAU.

Oui, vous pouvez l'assurer qu'un sergent
Lui doit porter pour moi tout ce qu'il me demande.
Hé! quoi donc, les battus, ma foi! paieront l'amende!
Mais voyons ce qu'il chante. Hon... « Sixième janvier.
« Pour avoir faussement dit qu'il fallait lier.
« Étant à ce porté par esprit de chicane,
« Haut et puisssant seigneur Yoland de Cusdane,
« Comte aussi de Pimbesche, Orbesche, et cætera,
« Il soit dit que sur l'heure il se transportera
« Au logis du dit sieur; et là, d'une voix claire,

5.

« Devant quatre témoins assistés d'un notaire,
« Zeste ! le dit Hiérôme avouera hautement
« Qu'il tient pour sensé de bon jugement.
« Le Bon. » C'est donc le nom de votre seigneurie?

L'INTIMÉ.

Pour vous servir. (A part.) Il faut payer d'effronterie.

CHICANEAU.

Le Bon ! jamais exploit ne fut signé Le Bon.
Monsieur Le Bon...

L'INTIMÉ.

Monsieur.

CHICANEAU.

Vous êtes un fripon.

L'INTIMÉ.

Monsieur, pardonnez-moi, je suis fort honnête homme.

CHICANEAU.

Mais fripon le plus franc qui soit de Caen à Rome.

L'INTIMÉ.

Monsieur, je ne suis pas pour vous désavouer.
Vous aurez la bonté de me le bien payer.

CHICANEAU.

Moi payer? en soufflets.

L'INTIMÉ.

Vous êtes trop honnête.
Vous me le paierez bien.

CHICANEAU.

Oh ! tu me romps la tête.
Tiens, voilà ton paiement.

(Il le soufflette).

L'INTIMÉ.

Un soufflet! Ecrivons.
« Lequel Hiérôme, après plusieurs rébellions,
« Aurait atteint, frappé, moi sergent à la joue,
« Et fait tomber du coup, mon chapeau dans la boue. »

CHICANEAU, lui donnant un coup de pied.

Ajoute cela.

L'INTIMÉ.

Bon, c'est de l'argent comptant;
J'en avais bien besoin. « Et, de ce nom content,
« Aurait avec le pied réitéré. » Courage!
« Outre plus, le susdit serait venu, de rage,
« Pour lacérer le dit présent procès-verbal. »
Allons, mon cher monsieur, cela ne va pas mal.
Ne vous relachez point.

CHICANEAU.

Coquin!

L'INTIMÉ.

Ne vous déplaise,
Quelque coup de bâton, et je suis à mon aise.

CHICANEAU, *tenant un bâton.*

Oui dà. Je verrai bien s'il est sergent.

L'INTIMÉ, *en posture d'écrire.*

Tôt donc.
Frappez. J'ai quatre enfants à nourrir.

CHICANEAU.

Ah! pardon!
Monsieur, pour un sergent je ne pouvais vous prendre.
Mais le plus habile homme enfin peut se méprendre.
Je saurai réparer ce soupçon outrageant.
Oui, vous êtes sergent, monsieur, très-sergent.
Touchez-là : vos pareils sont gens que je révère;
Et j'ai toujours été nourri par feu mon père.
Dans la crainte de Dieu, monsieur, et des sergents.

L'INTIMÉ.

Non, à si bon marché l'on ne bat point les gens.

CHICANEAU.

Monsieur, point de procès.

L'INTIMÉ.

Serviteur. Contumace,
Bâton levé, soufflet, coup de pied. Ah!

CHICANEAU.

De grâce,
Rendez-les-moi plutôt.

L'INTIMÉ.

Suffit qu'ils soient reçus.
Je ne les voudrais pas donner pour mille écus.
En attendant, signez.

CHICANEAU.

Signer quoi !

L'INTIMÉ.

Des excuses !

CHICANEAU.

Pour ça très-volontiers.
(*Il signe*).

L'INTIMÉ, *à part*.

La meilleure des ruses
Réussit pleinement. Ma foi, sur mon honneur,
J'aurais cru plus subtil l'esprit d'un vieux plaideur.
Tout va bien. A mes vœux le succès est conforme.
Il signe un bon contrat écrit en bonne forme.
(*Léandre paraît*).


## SCÈNE V

LÉANDRE, en robe de commissaire ; CHICANEAU,
L'INTIMÉ.


L'INTIMÉ.

Voici fort à propos monsieur le commissaire.
Monsieur, votre présence est ici nécessaire.
Tel que vous me voyez, monsieur ici présent,
M'a d'un fort grand soufflet fait un petit présent.

LÉANDRE.

A vous, monsieur?

L'INTIMÉ.

A moi, parlant à ma personne.
Item un coup de pied ; plus, les noms qu'il me donne.

LÉANDRE.

Avez-vous des témoins ?

L'INTIMÉ.

Monsieur, tâtez plutôt;
Le soufflet sur ma joue est encore tout chaud.

LÉANDRE.

Pris en flagrant délit, affaire criminelle.

CHICANEAU.

Foin de moi !

L'INTIMÉ.

Plus, sa fille, au moins soi-disant telle,
A mis un papier en morceaux, protestant
Qu'on lui ferait plaisir, et que d'un œil content,
Elle vous défiait

LÉANDBE, à l'Intimé.

Vous citerez la fille.
L'esprit de contumace est dans cette famille

CHICANEAU, à part.

Il faut absolument qu'on m'ait ensorcelé.
Si j'en connais pas un, je veux être étranglé.

LÉANDRE.

Comment! battre un huissier et faire le rebelle;
(à l'Intimé.)
Huissier, dans un instant, prenez la demoiselle.
(à Chicaneau.)
Et vous, monsieur, marchez.

CHICANEAU.

Où, monsieur ?

LÉANDRE.

Suivez-moi.

CHICANEAU.

Où donc ?

LÉANDRE.

Vous le saurez. Marchez, de par le roi.

CHICANEAU.

Comment !

(Petit-Jean survient brusquement.)

# SCÈNE VI

### LÉANDRE, L'INTIMÉ, CHICANEAU, PETIT-JEAN.

PETIT-JEAN.

Holà! quelqu'un n'a-t-il point vu mon maître?
Quel chemin a-t-il pris? La porte ou la fenêtre?

LÉANDRE.

A l'autre.

PETIT-JEAN.

Je ne sais qu'est devenu son fils;
Et pour le père, il est où les procès l'ont mis.
Il me redemandait sans cesse ses épices;
Et j'ai tout bonnement couru dans les offices
Chercher la boîte au poivre; et lui, pendant cela,
Est disparu.

# SCÈNE VII

### DANDIN, à une lucarne du toit; LÉANDRE, CHICANEAU, L'INTIMÉ, PETIT-JEAN.

DANDIN.

Paix! paix! que l'on se taise là.

LÉANDRE.

Hé! grand dieu!

PETIT-JEAN.

Le voilà, ma foi, dans les goutières.

DANDIN.

Quelles gens êtes-vous? quelles sont vos affaires?
Qui sont ces gens en robes? Êtes-vous avocats?
Ça, parlez.

PETIT-JEAN.

Vous verrez qu'il va juger les chats.

DANDIN.

Avez-vous eu le soin de voir mon secrétaire?
Allez lui demander si je sais votre affaire.

LÉANDRE.

Il faut bien que je l'aille arracher de ces lieux.
Sur votre prisonnier, huissier, ayez les yeux.

PETIT-JEAN.

Ho, ho, monsieur !

LÉANDRE.

Tais-toi, sur les yeux de ta tête ;
Et suis-moi.

*(Léandre sort avec Petit-Jean.)*

# SCÈNE VIII

### LE COMTE, DANDIN, CHICANEAU, L'INTIMÉ.

DANDIN.

Dépêchez, donnez votre requête.

CHICANEAU.

Monsieur, sans votre aveu l'on me fait prisonnier.

LE COMTE.

Hé, mon Dieu ! J'aperçois monsieur dans son grenier.
Que fait-il là.

L'INTIMÉ.

Monsieur, il y donne audience
Le champ vous est ouvert.

CHICANEAU.

On me fait violence,
Monsieur, on m'injurie, et je venais ici
Me plaindre à vous.

LE COMTE.

Monsieur, je viens me plaindre aussi.

CHICANEAU ET LE COMTE.

Vous voyez devant vous mon adverse partie.

L'INTIMÉ.

Parbleu ! je me veux mettre aussi de la partie.

CHICANEAU, LE COMTE, L'INTIMÉ.

Monsieur, je viens ici pour un petit exploit.

CHICANEAU.

Hé ! messieurs, tour à tour exposons notre droit.

LE COMTE.

Son droit? tout ce qu'il dit sont autant d'impostures.

DANDIN.

Qu'est-ce qu'on vous a fait?

CHICANEAU, LE COMTE, L'INTIMÉ.

On m'a dit des injures.

L'INTIMÉ, *continuant.*

Outre un soufflet, monsieur, que j'ai reçu plus qu'eux,

CHICANEAU.

Monsieur, je suis cousin de l'un de vos neveux.

LE COMTE.

Monsieur, père Cordon vous dira mon affaire.

L'INTIMÉ.

Monsieur, je suis le fils de votre apothicaire.

DANDIN.

Vos qualités?

LE COMTE.

Je suis un comte.

L'INTIMÉ.

Huissier.

CHICANEAU.

Bourgeois.

Messieurs...

DANDIN, *se retirant de la lucarne.*

Parlez toujours, je vous entends tous trois.

CHICANEAU.

Monsieur...

L'INTIMÉ.

Bon! le voilà qui fausse compagnie.

LE COMTE.

Hélas!

CHICANEAU.

Hé quoi! déjà l'audience est finie?
Je n'ai pas eu le temps de lui dire deux mots.
(*Léandre entre sans robe.*)

## SCÈNE IX

LÉANDRE, sans robe ; CHICANEAU, LE COMTE,
L'INTIMÉ.

LÉANDRE.

Messieurs, voulez-vous bien nous laisser en repos ?

CHICANEAU.

Monsieur, peut-on entrer ?

LÉANDRE.

Non, monsieur, ou je meure.

CHICANEAU.

Hé ! pourquoi ? j'aurai fait en une petite heure,
En deux heures au plus.

LÉANDRE.

On n'entre point, monsieur

LE COMTE.

C'est bien fait de fermer la porte à ce crieur.
Mais moi...

LÉANDRE.

L'on n'entre point, monsieur, je vous le jure.

LE COMTE.

Ho, monsieur, j'entrerai.

LÉANDRE.

Peut-être.

LE COMTE.

Chose sûre.

LÉANDRE.

Par la fenêtre donc.

LE COMTE.

Par la porte.

LÉANDRE.

Il faut voir.

CHICANEAU.

Quand je devrais ici demeurer jusqu'au soir.
(*Petit-Jean rentre.*)

# SCÈNE X

LÉANDRE, CHICANEAU, LE COMTE, L'INTIMÉ,
PETIT-JEAN.

PETIT-JEAN, *à Léandre.*

On ne l'entendra pas, quelque chose qu'il fasse.
Parbleu! je l'ai fourré dans notre salle basse,
Tout auprès de la cave.

LÉANDRE.

En un mot, comme en cent,

On ne voit point mon père.

CHICANEAU.

Hé bien donc! si pourtant
Sur toute cette affaire il faut que je le voie...
(*Dandin paraît par le soupirail.*)
Mais que vois-je? Ah! c'est lui que le ciel nous renvoie.

LÉANDRE.

Quoi! par le soupirail!

PETIT-JEAN.

Il a le diable au corps.

CHICANEAU.

Monsieur...

DANDIN.

L'impertinent! sans lui j'étais dehors.

CHICANEAU.

Monsieur...

DANDIN.

Retirez-vous, vous êtes une bête.

CHICANEAU.

Monsieur, voulez-vous bien...

DANDIN.

Vous me rompez la tête.

CHICANEAU.

Monsieur, j'ai commandé...

DANDIN.

Taisez-vous, vous dit-on.

CHICANEAU.

Que l'on portât chez vous...

DANDIN.

Qu'on le mène en prison.

CHICANEAU.

Certain quartaut de vin.

DANDIN.

Hé! je n'en ai que faire.

CHICANEAU.

C'est de très-bon muscat.

DANDIN.

Redites votre affaire.

LÉANDRE, *à l'Intimé.*

Il faut les entourer ici de tous côtés.

LE COMTE.

Monsieur, il vous dira autant de faussetés.

CHICANEAU.

Monsieur, je vous dis vrai.

DANDIN.

Mon Dieu! laissez-le dire.

LE COMTE.

Monsieur, écoutez-moi.

DANDIN.

Souffrez que je respire.

CHICANEAU.

Monsieur...

(*Il s'approche de Dandin et le prend par sa robe.*)

DANDIN.

Vous m'étranglez.

LE COMTE.

Tournez les yeux vers moi.

DANDIN, *se reculant.*

Il m'étrangle. Ay! ay! ay!

*(Il le prend aussi.)*

CHICANEAU, *ne lâchant pas prise.*

Vous m'entraînez, ma foi!
Prenez-garde, je tombe.

*(Chicaneau fait la culbute et le comte aussi.)*

DANDIN.

Ils sont, sur ma parole,
L'un et l'autre encavés.

LÉANDRE.

Vite, que l'on y vole.
Courez à leur secours. Mais au moins je prétends
Que monsieur Chicaneau, puisqu'il est là-dedans,
N'en sorte d'aujourd'hui. L'Intimé, prends-y garde.

L'INTIMÉ.

Gardez le soupirail.

LÉANDRE.

Va vite, je le garde.

*(Pendant ce temps Petit-Jean a retiré le comte par les
jambes.)*

# SCÈNE XI

## LE COMTE, LÉANDRE.

LE COMTE.

Misérable! il s'en va lui prévenir l'esprit.
*(par le soupirail.)*
Monsieur, ne croyez rien de tout ce qu'il vous dit:
Il n'a point de témoins; c'est un menteur.

LÉANDRE.

Eh! dame.
Que leur contez-vous là? Peut-être ils rendent l'âme!

LE COMTE.

Il lui fera, monsieur, croire ce qu'il voudra.
Souffrez que j'entre.

LÉANDRE.

Ah! non! personne n'entrera.

LE COMTE.

Je le vois bien, monsieur, le vin muscat opère.
Aussi bien sur le fils que sur l'esprit du père.
Patience, je vais protester comme il faut.
Contre monsieur le juge et contre le quartaut.

LÉANDRE.

Allez donc et cessez de nous rompre la tête.
Que de fous! Je ne fus jamais à telle fête.
(Dandin entre en boitant.)

## SCÈNE XII

DANDIN, LÉANDRE, L'INTIMÉ.

L'INTIMÉ.

Monsieur, où courez-vous? c'est vous mettre en danger.
Et vous boitez tout bas.

DANDIN.

Je veux aller juger.

LÉANDRE.

Comment, mon père! Allons, permettez qu'on vous
panse.|
Vite, un chirurgien.

DANDIN.

Qu'il vienne à l'audience.

LÉANDRE.

Hé! mon père! arrêtez...

DANDIN.

Oh! je vois ce que c'est;
Tu prétends faire ici de moi ce qui te plait;
Tu ne gardes pour moi respect ni complaisance :
Je ne puis prononcer une seule sentence.
Achève, prends ce sac, prends vite.

LÉANDRE.

Hé, doucement,
Mon père. Il faut trouver quelque accommodement.
Si pour vous, sans juger la vie est un supplice,
Si vous êtes pressé de rendre la justice,
Il ne faut point sortir pour cela de chez vous;
Exercez le talent, et jugez parmi nous.

DANDIN.

Ne raillons point ici de la magistrature,
Vois-tu? Je ne veux point être un juge en peinture.

LÉANDRE.

Vous serez, au contraire, un juge sans appel,
Et juge du civil comme du criminel.
Vous pourrez tous les jours tenir deux audiences :
Tout vous sera chez vous matière de sentences.
Un valet manque-t-il de rendre un verre net.
Condamnez à l'amende, ou, s'il le casse, au fouet.

DANDIN.

C'est quelque chose. Encor passe quand on raisonne.
Et mes vacations, qui les paira? Personne?

LÉANDRE.

Leurs gages vous tiendront lieu de nantissement.

DANDIN.

Il parle, ce me semble, assez pertinemment.

LÉANDRE.

Contre un de vos voisins...
          (*Petit-Jean traverse le théâtre en courant.*)

## SCÈNE XIII

### DANDIN, LÉANDRE, L'INTIMÉ, PETIT-JEAN.

PETIT-JEAN, *courant.*

Arrête! arrête! attrape!

LÉANDRE, *à l'Intimé.*

Ah! c'est mon prisonnier, sans doute, qui s'échappe?

L'INTIMÉ.

Non, non, ne craignez rien.

PETIT-JEAN.

Tout est perdu... Citron...
Votre chien... vient là bas de manger un chapon.
Rien n'est sûr devant lui. Ce qu'il trouve il l'emporte.

LÉANDRE.

Bon! voilà pour mon père une cause. Main forte.
Qu'on se mette après lui. Courez tous.

DANDIN.

Point de bruit,
Tout doux. Un amené sans scandale suffit.

LÉANDRE.

Ça mon père, il faut faire un exemple authentique.
Jugez sévèrement ce voleur domestique.

DANDIN.

Mais je veux faire au moins la chose avec éclat.
Il faut de part et d'autre avoir un avocat.
Nous n'en avons pas un.

LÉANDRE.

Hé bien! il faut en faire.
Voilà votre portier et votre secrétaire :
Vous en ferez, je crois, d'excellents avocats :
Ils sont fort ignorants.

L'INTIMÉ.

Non pas, monsieur, non pas.
J'endormirai monsieur tout aussi bien qu'un autre.

PETIT-JEAN.

Pour moi je ne sais rien; n'attendez rien du nôtre

LÉANDRE.

C'est ta première cause et l'on te la fera.

PETIT-JEAN.

Mais je ne sais pas lire.

LÉANDRE.

Hé! l'on te soufflera.

DANDIN.

Allons nous préparer. Ça! messieurs, point d'intrigue.
Fermons l'œil aux présents, et l'oreille à la brigue.
Vous, maître Petit-Jean, serez le demandeur :
Vous, maître l'Intimé, soyez le défendeur.

(RIDEAU)

## ACTE TROISIÈME

Chez le juge. Une table et un fauteuil, au fond, pour le
juge ; de chaque côté, en face l'une de l'autre, deux chaises
pour les avocats ; le souffleur doit se placer derrière Petit-
Jean.

## SÈCNE 1

### CHICANEAU, LÉANDRE, LE SOUFFLEUR.

#### CHICANEAU.

Oui, monsieur, c'est ainsi qu'ils ont conduit l'affaire ;
L'huissier m'est inconnu, comme le commissaire.
Je ne mens pas d'un mot

#### LÉANDRE.

        Oui, je crois tout cela.
Mais ! si vous m'en croyez, vous les laisserez là ;
En vain vous prétendez les pousser l'un et l'autre ;
Vous troublerez bien moins leur repos que le vôtre.
Les trois quarts de vos biens sont déjà dépensés
A faire enfler des sacs l'un sur l'autre entassés ;
Et dans une poursuite à vous-même contraire...

#### CHICANEAU.

Vraiment vous me donnez un conseil salutaire :
Et devant qu'il soit peu je veux en profiter :
Mais je vous prie au moins de bien solliciter.
Puisque monsieur Dandin va donner audience,
Je vais faire venir ma fille en diligence.
On peut l'interroger ; elle est de bonne foi ;
Et même elle saura mieux répondre que moi.

#### LÉANDRE.

Allez et revenez, l'on vous fera justice.
            (*Il sort.*)

#### LE SOUFFLEUR.

Quel homme !

## SCÈNE II

### LÉANDRE, LE SOUFFLEUR.

#### LÉANDRE.

        Je me sers d'un étrange artifice
Mais mon père est un homme à se désespérer :
Et d'une cause en l'air il le faut bien leurrer.

D'ailleurs, j'ai mon dessein, et je veux qu'il condamne
Ce fou qui réduit tout au pied de la chicane.
Mais voici tous nos gens qui marchent sur nos pas.

## SCÈNE III

DANDIN, LÉANDRE, L'INTIMÉ, et PETIT-JEAN,
en robe ; LE SOUFFLEUR.

DANDIN.

Ça, qu'êtes-vous ici ?

LÉANDRE.

Ce sont les avocats.

DANDIN, *au souffleur.*

Vous ?

LE SOUFFLEUR.

Je viens secourir leur mémoire troublée.

DANDIN.

Je vous entends. Et vous ?

LÉANDRE.

Moi ? je suis l'assemblée.

DANDIN.

Commencez donc.

LE SOUFFLEUR.

Messieurs...

PETIT-JEAN.

Ho ! prenez le plus bas :
Si vous soufflez si haut, l'on ne m'entendra pas.
Messieurs...

DANDIN.

Couvrez-vous.

PETIT-JEAN.

Oh ! Mess...

DANDIN.

Couvrez-vous, vous dis-je.

PETIT-JEAN.

Oh ! monsieur ! je sais bien à quoi l'honneur m'oblige.

DANDIN.

Ne te couvre donc pas.

PETIT-JEAN.

(*se couvrant*) (*au souffleur*).

        Messieurs... Vous, doucement ;
Ce que je sais le mieux, c'est mon commencement.
Messieurs, quand je regarde avec exactitude.
L'inconstance du monde et sa vicissitude ;
Lorsque je vois, parmi tant d'hommes différents,
Pas une étoile fixe, et tant d'astres errants ;
Quand je vois le soleil et quand je vois la lune ;

                 *Babyloniens.*

Quand je vois les états des Babiboniens

       *Persans.*      *Macédoniens.*

Transférés des Serpens aux Nacédoniens ;

       *Romains.*          *despotique.*

Quand je vois les Lorrains, de l'état dépotique,

       *démocratique.*

Passer au démocrite, et puis au monarchique ;
Quand je vois le Japon...

L'INTIMÉ.

        Quand aura-t-il tout vu ?

PETIT-JEAN.

Oh ! pourquoi celui-là m'a-t-il interrompu ?
Je ne dirai plus rien.

DANDIN.

        Avocat incommode,
Que ne lui laissiez-vous finir sa période ?
Je suais sang et eau, pour voir si du Japon
Il viendrait à bon port au fait de son chapon ;
Et vous l'interrompez par un discours frivole.
Parlez donc, avocat.

PETIT-JEAN.

J'ai perdu la parole.

LÉANDRE.

Achève, Petit-Jean : c'est fort bien débuté.
Mais que font là tes bras pendants à ton côté ?
Te voilà sur tes pieds, droit comme une statue.
Dégourdis-toi. Courage ; allons, qu'on s'évertue.

PETIT-JEAN, *remuant les bras.*

Quand... je vois... Quand... je vois...

LÉANDRE.

Dis donc ce que tu vois.

PETIT-JEAN.

Oh dame! on ne court pas deux lièvres à la fois.

LE SOUFFLEUR.

On lit...

PETIT-JEAN.

On lit...

LE SOUFFLEUR.

Dans la...

PETIT-JEAN.

Dans la...

LE SOUFFLEUR.

Métamorphose...

PETIT-JEAN.

Comment?

LE SOUFFLEUR.

Que la métem...

PETIT-JEAN.

Que la métem...

LE SOUFFLEUR.

Psycose...

PETIT-JEAN.

Psycose...

LE SOUFFLEUR.

Hé! le cheval...

PETIT-JEAN.

Et! le cheval...

LE SOUFFLEUR.

Encor!

PETIT-JEAN.

Encor!

LE SOUFFLEUR.

Le chien!

PETIT-JEAN.

Le chien !

LE SOUFFLEUR.

Le butor !

PETIT-JEAN.

Le butor..

LE SOUFFLEUR.

Peste de l'avocat !

PETIT-JEAN.

Ah ! peste de toi-même !
Va-t-en au diable.

DANDIN.

Et vous, venez au fait. Un mot.
Du fait.

PETIT-JEAN.

Hé ! faut-il tant tourner autour du pot ?
Ils me font dire des mots longs d'une toise,
Des grands mots qui tiendraient d'ici jusqu'à Pontoise.
Pour moi, je ne sais point tant faire de façon
Pour dire qu'un mâtin vient de prendre un chapon.
Tant il y a qu'il n'est rien que votre chien ne prenne.
Qu'il a mangé là bas un bon chapon du Maine ;
Que la première fois que je l'y trouverai,
Son procès est tout fait, et je l'assommerai.

LÉANDRE.

Belle conclusion, digne de l'exorde !

PETIT-JEAN.

On l'entend bien toujours. Qui voudra mordre y morde.

DANDIN.

Appelez les témoins.

LÉANDRE.

C'est bien dit s'il le peut :
Les témoins sont fort chers, et n'en a pas qui veut.

PETIT-JEAN.

Nous en avons pourtant, et qui sont sans reproche.

DANDIN.

Faites-les donc venir.

PETIT-JEAN.

Je les ai dans ma poche.
Tenez, voilà la tête et les pieds du chapon ;
Voyez-les et jugez.

L'INTIMÉ.

Je les récuse.

DANDIN.

Bon !
Pourquoi les récuser ?

L'INTIMÉ.

Monsieur, ils sont du Maine.

DANDIN.

Il est vrai que du Mans il en vient par douzaine.

L'INTIMÉ *mettant des lunettes.*

Messieurs...

DANDIN.

Serez-vous long, avocat ? dites-moi.

L'INTIMÉ.

Je ne réponds de rien.

DANDIN.

Il est de bonne foi.

L'INTIMÉ, *d'un ton finissant en fausset.*

Messieurs, tout ce qui peut étonner un coupable,
Tout ce que les mortels ont de plus redoutable,
Semble s'être assemblé contre nous par hasard,
Je veux dire la brigue et l'éloquence. Car,
D'un côté le crédit du défunt m'épouvante :
Et de l'autre côté l'éloquence éclatante
De Maître Petit-Jean m'éblouit.

DANDIN.

Avocat,
De votre ton vous-même adoucissez l'éclat.

L'INTIMÉ.

(*d'un ton ordinaire.*)            (*d'un beau ton.*)
Oui-dà, j'en ai plusieurs. Mais quelque défiance
Que nous doive donner la susdite éloquence,

6.

Et le susdit crédit, ce néanmoins, messieurs,
L'ancre de vos bontés nous rassure. D'ailleurs.
Devant le grand Dandin l'innocence est hardie,
Oui, devant ce Caton de basse Normandie,
Ce soleil d'équité qui n'est jamais terni:
VICTRIX CAUSA DIIS PLACUIT, SED VICTA CATONI.

DANDIN.

Vraiment, il plaide bien.

L'INTIMÉ.

             Sans craindre aucune chose,
Je prends donc la parole, et je viens à ma cause.
Aristote, PRIMO PERI POLITICON,
Dit fort bien...

DANDIN.

        Avocat, il s'agit d'un chapon,
Et non point d'Aristote et de sa politique.

L'INTIMÉ.

Oui, mais l'autorité du Péripatétique
Prouverait que le bien et le mal...

DANDIN.

                Je prétends
Qu'Aristote n'a point d'autorité céans.
Au fait.

L'INTIMÉ.

Pausanias, en ses Corinthiaques...

DANDIN.

Au fait.

L'INTIMÉ

Rebuffe...

DANDIN.

     Au fait, vous dis-je,

L'INTIMÉ.

           Le grand Jacques...

DANDIN.

Au fait, au fait, au fait.

L'INTIMÉ.

     Harmenopul, IN PROMT...

DANDIN.

Oh ! je te vais juger.

L'INTIMÉ.

Oh ! vous êtes si prompt.

Voici le fait (*vite*). Un chien vient dans une cuisine,
Il y trouve un chapon, lequel a bonne mine.
Or celui pour lequel je parle est affamé,
Celui contre lequel je parle AUTEM plumé ;
Et celui pour lequel je suis, prend en cachette
Celui contre lequel je parle. L'on décrète :
On le prend. Avocat pour et contre appelé :
Jour pris. Je dois parler, je parle ; j'ai parlé.

DANDIN.

Ta, ta, ta, ta. Voilà bien instruire une affaire !
Il dit fort posément ce dont on n'a que faire,
Et court le grand galop quand il est à son fait.

L'INTIMÉ.

Mais le premier, monsieur, c'est le beau.

DANDIN.

C'est le laid.

A-t-on jamais plaidé d'une 'telle méthode ?
Mais qu'en dit l'assemblée !

LÉANDRE.

Il est fort à la mode.

L'INTIMÉ, *d'un ton véhément.*

Qu'arrive-t-il, messieurs ? On vient. Comment vient-on ?
On poursuit ma partie. On force une maison.
Quelle maison ? maison de notre propre juge,
On brise le cellier qui nous sert de refuge.
De vol, de brigandage on nous déclare auteurs.
On nous traîne, on nous livre à nos accusateurs !
A maître Petit-Jean, messieurs. Je vous atteste :
Qui ne sait que la loi, SI QUIS CANIS, Digeste
DE VI, paragrapho, messieurs... CAPONIBUS,
Est manifestement contraire à cet abus ?
Et quand il serait vrai que Citron ma partie
Aurait mangé, messieurs, le tout, ou bien partie
Dudit chapon : qu'on mette en compensation
Ce que nous avons fait avant cette action.

Quand ma partie a-t-elle été réprimandée?
Par qui votre maison a-t-elle été gardée?
Quand avons-nous manqué d'aboyer au larron?
Témoins trois procureurs, dont icelui Citron
A déchiré la robe. On en verra les pièces.
Pour nous justifier, voulez-vous d'autres pièces?

PETIT-JEAN.

Maître Adam...

L'INTIMÉ.

Laissez-nous.

PETIT-JEAN.

L'Intimé...

L'INTIMÉ.

Laissez-nous.

PETIT-JEAN.

S'enroue.

L'INTIMÉ.

Hé! laissez-nous, Euh! euh!

DANDIN.

Reposez-vous.

Et concluez.

L'INTIMÉ, *d'un ton pesant.*

Puis donc qu'on nous permet de prendre
Haleine, et que l'on nous défend de nous étendre,
Je vais, sans rien omettre, et sans prévariquer,
Compendieusement énoncer, expliquer,
Exposer à vos yeux l'idée universelle
De ma cause et des faits renfermés en icelle.

DANDIN.

Il aurait plutôt fait de dire tout vingt fois
Que de l'abréger une. Homme, ou qui que tu sois,
Diable, conclus; ou bien que le ciel te confonde!

L'INTIMÉ.

Je finis.

DANDIN.

Ah!

L'INTIMÉ.

Avant la naissance du monde...

DANDIN, *bâillant.*

Avocat, ah ! passons au déluge.

L'INTIMÉ.

Avant donc

La naissance du monde et sa création,

Le monde, l'univers, tout, la nature entière

Etait ensevelie au fond de la matière.

Les éléments, le feu, l'air, et la terre, et l'eau,

Enfoncés, entassés, ne faisaient qu'un morceau,

Une confusion, une masse sans forme,

Un désordre, un chaos, une cohue énorme.

UNUS ERAT TOTO NATURÆ VULTUS IN ORBE,

QUEM GRÆCI DIXERE CHAOS, RUDIS INDIGESTAQUE MOLES.

(*Dandin endormi se laisse tomber.*)

LÉANDRE.

Quelle chute ! mon père !

PETIT-JEAN.

Ay, monsieur ! comme il dort !

LÉANDRE.

Mon père, éveillez-vous.

PETIT-JEAN.

Monsieur, êtes-vous mort ?

LÉANDRE.

Mon père !

DANDIN.

Hé bien ? hé bien ? quoi ? qu'est-ce ? Ah ! ah ! quel
[homme !

Certes, je n'ai jamais dormi d'un si bon somme.

LÉANDRE.

Mon père, il faut juger.

DANDIN.

Aux galères.

LÉANDRE.

Un chien

Aux galères !

DANDIN.

Ma foi! je n'y conçois plus rien.
De monde, de chaos, j'ai la tête troublée.
Hé! concluez

L'INTIMÉ, *lui présentant de petits chiens.*

Venez, famille désolée;
Venez, pauvres enfants qu'on veut rendre orphelins,
Venez faire parler vos esprits enfantins.
Oui, messieurs, vous voyez ici notre misère :
Nous sommes orphelins, rendez-nous notre père,
Notre père, par qui nous fûmes engendrés,
Notre père, qui nous...

DANDIN.

Tirez, tirez, tirez.

L'INTIMÉ.

Notre père, messieurs...

DANDIN.

Tirez donc. Quels vacarmes!
Ils ont pissé partout.

L'INTIMÉ.

Monsieur, voyez nos larmes.

DANDIN.

Oui. Je me sens déjà pris de compassion.
Ce que c'est qu'à propos toucher la passion !
Je suis bien empêché. La vérité me presse;
Le crime est avéré; lui-même il le confesse.
Mais, s'il est condamné, l'embarras est égal;
Voilà bien des enfants réduits à l'hôpital.
Mais je suis occupé, je ne veux voir personne.

(*Chicaneau entre.*)

## SCÈNE IV

DANDIN, LÉANDRE, CHICANEAU, L'INTIMÉ,
PETIT-JEAN.

CHICANEAU.

Monsieur...

DANDIN, *vers les autres.*

Oui, pour vous seuls l'audience se donne.
Adieu...
   (*à Chicaneau*).
Mais, s'il vous plaît, qu'attendez-vous donc-là?

CHICANEAU.

C'est ma fille, Monsieur.

DANDIN.

Hé, tôt, appelez-là.

CHICANEAU.

Vous êtes occupé.

DANDIN.

Moi! je n'ai rien à faire.

CHICANEAU.

Je pourrais bien, monsieur, replaider mon affaire.

DANDIN.

Grand merci! Pour l'instant je n'en ai point envie.

L'INTIMÉ.

Ecoutez, s'il vous plaît, une autre plaidoirie.

DANDIN.

Soit.

L'INTIMÉ.

C'est pour un mariage.

DANDIN.

Ah.

L'INTIMÉ.

                    Sachez d'abord
Qu'il ne tient plus qu'à vous, et que tout est d'accord.
La fille le veut bien; son fiancé soupire :
Ce que la fille veut, le père le désire.
C'est à vous de juger.

DANDIN, *se rasseyant.*

                    Mariez au plus tôt.
Dès demain, si l'on veut; aujourd'hui, s'il le faut.

L'INTIMÉ, *à Léandre.*

Hé bien, Monsieur, allons, voilà votre beau-père ;
Saluez-le.

CHICANEAU.

Comment !

DANDIN.

Quel est donc ce mystère ?

L'INTIMÉ.

Ce que vous avez dit se fait de point en point.

DANDIN.

Puisque je l'ai jugé, je n'en reviendrai point.

CHICANEAU.

Mais on ne donne pas une fille sans elle.

LÉANDRE.

Sans doute ; et j'en croirai la charmante Isabelle.

CHICANEAU.

Ah ! mais, écoutez-moi, c'est à moi de parler.
Je m'op...

LÉANDRE.

Vous n'osez pas, je pense, en appeler.

CHICANEAU.

Si, si, j'en appelle.

LÉANDRE, *lui montrant un papier.*

Voyez cette écriture.
Vous n'appellerez pas de votre signature.

(*Il donne l'écrit à Dandin.*)

CHICANEAU.

Plaît-il ?

DANDIN.

C'est un contrat en fort bonne façon.

CHICANEAU.

Je vois qu'on m'a surpris : mais j'en aurai raison :
De plus de vingt procès ceci sera la source.
On a la fille ; soit : on n'aura pas la bourse.

LÉANDRE.

Hé, monsieur, qui vous dit qu'on vous demande rien?
Laissez-nous votre fille, et gardez votre bien.

CHICANEAU.

Ah!

LÉANDRE.

Mon père, êtes-vous content de l'audience?

DANDIN.

Oui-dà. Que les procès viennent en abondance;
Et je passe avec vous le reste de mes jours.
Mais que les avocats soient désormais plus courts...
Passons au criminel.

LÉANDRE.

Ne parlons que de joie;
Grâce! grâce! mon père.

DANDIN.

Hé bien! qu'on le renvoie
C'est en votre faveur, mon fils, ce que j'en fais.
Allons nous délasser à voir d'autres procès.
(*Il se lève.* — RIDEAU.)

# INDICATIONS UTILES, LITTÉRAIRES & MUSICALES

---

**I.** — Poésie; *le Livre en action.*

(Voir page 82, 1re série.)

**La légende des Paladins** (1) de M. Autran. C'est l'épo-
pée de Roland, traduite en beaux vers. On pourrait la
mettre en action, en en faisant déclamer les principaux épi-
sodes, et on la reproduirait ainsi d'une manière vivante.
Citons notamment *le Prologue*, — *le Chemin de saint
Jacques*, — *le Baptême du géant*, — *la Messe*, — *la
Rançon*, etc., etc., et surtout *Roncevaux*, page 148 à 152.
— Cet ouvrage serait un peu sérieux pour les patronages.

## II. — Chants et chansonnettes.

*Notre drapeau*, chanson militaire.
*Les Canards*, chansonnette.
*Madame Proverbe* (avec parlé), édition des pensionnats,
Cartereau, éditeur.
*Le petit Apprenti parisien* (avec parlé), Chatot, éditeur.
*Les tribulations d'un Apothicaire* (avec parlé), Le Bailly,
éditeur.
*Chez mes voisins*, grande scène avec parlé de Lhuillier,
Eugel, éditeur.
Cette dernière chansonnette est moins facile.

S'adresser à M. Chatot, éditeur, 19, rue Neuve-des-Petits-
Champs.

(1) Chez Lévy, 1 beau volume, in-18, prix : 3 fr. 50. S'adresser à
M. Blériot.

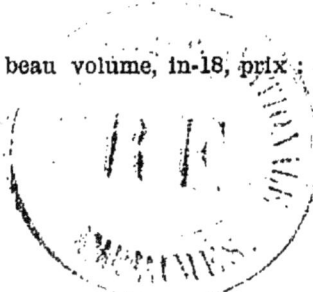

# TABLE

Paris. — E. de Soye et Fils, imp., pl. du Panthéon, 5.

# AVIS

Il sera publié tous les ans une ou deux séries du *Théâtre choisi des Œuvres de jeunesse*.

Chaque série forme un volume; chaque volume contient ordinairement deux pièces; il est terminé par des indications littéraires et musicales, fort utiles aux œuvres et aux maisons d'éducation pour la composition et la variété des programmes de soirées ou séances dramatiques, littéraires ou musicales.

*Papier très-solide* pour assurer un long usage, et *collé* pour faciliter les additions, corrections ou suppressions.

*Format portatif et prix modique*, pour permettre aux jeunes gens d'acheter chaque volume. (Il est bien préférable d'apprendre son rôle sur la pièce entière, et le volume reste comme souvenir.)

---

VOLUMES PARUS, SE VENDANT ISOLÉMENT.

1re SÉRIE. **Les Horloges de Pornic**, comédie en trois actes, par A. HERVO, couronnée au Congrès de Bordeaux (1876), de l'Union des Œuvres ouvrières catholiques; précédée de réflexions et suivie d'indications littéraires et musicales et de morceaux choisis en prose et en vers.

2e SÉRIE. **La Corvée du pain**, comédie militaire, par A. HERVO.
**Les Plaideurs de Racine**, arrangés par LE MÈME.
Indications littéraires et musicales.

3e SÉRIE. **Le Sergent**, comédie-drame, par A. HERVO.
**Les Garennes de Clisson**, comédie, par LE MÈME.
Indications littéraires et musicales.

**Prix de chaque volume ou série : 1 fr. 50.**

CHEZ M. BLÉRIOT, ÉDITEUR.

---

## EN PRÉPARATION

POUR PARAITRE EN OCTOBRE 1878, DEUX NOUVELLES SÉRIES.

---

Paris. — E. de Soye et Fils, imp., pl du Panthéon, 5.

www.ingramcontent.com/pod-product-compliance
Lightning Source LLC
Chambersburg PA
CBHW051742090426
42738CB00010B/2376